中國學術思想

研究輯刊

十一編

林慶彰 主編

第 **34** 冊

湛甘泉理學思想之研究

賴昇宏 著

花木蘭文化出版社

國家圖書館出版品預行編目資料

湛甘泉理學思想之研究／賴昇宏 著 — 初版 — 新北市：花木
蘭文化出版社，2011〔民100〕
序 2+ 目 4+168 面；19×26 公分
（中國學術思想研究輯刊 十一編：第 34 冊）
ISBN：978-986-254-480-8（精裝）
1.（明）湛甘泉　2.學術思想　3.理學
030.8　　　　　　　　　　　　　　　　100000812

ISBN-978-986-254-480-8

9 789862 544808

中國學術思想研究輯刊
十一編　第三四冊　　　　　　　　ISBN：978-986-254-480-8

湛甘泉理學思想之研究

作　　者　賴昇宏
主　　編　林慶彰
總 編 輯　杜潔祥
出　　版　花木蘭文化出版社
發 行 所　花木蘭文化出版社
發 行 人　高小娟
聯絡地址　新北市永和區中正路五九五號七樓之三
　　　　　電話：02-2923-1455／傳眞：02-2923-1452
網　　址　http://www.huamulan.tw 信箱 sut81518@ms59.hinet.net
印　　刷　普羅文化出版廣告事業
封面設計　劉開工作室
初　　版　2011 年 3 月
定　　價　十一編 40 冊（精裝）新台幣 62,000 元

湛甘泉理學思想之研究

賴昇宏　著

作者簡介

賴昇宏，中國文化大學中國文學研究所博士班畢業，現兼任中國文化大學、中原大學助理教授。主要研究有《禮記》、宋明理學等，撰有《禮記》氣論思想研究、《湛甘泉理學思想研究》等專著。另有單篇論文〈論呂氏春秋〈十二紀〉之公義〉、〈《禮記‧禮運》論人之氣性義〉等。

提　　要

　　本文宗旨主要在論述甘泉理學思想，由於甘泉所處乃明代中期新舊思潮交替的時期，且甘泉早年深受朱學薰陶，青年受教於白沙，並與陽明交甚篤的學術背景，使得甘泉的理學呈現出多元思潮影響的豐富內涵。但也使其理學思想的特色不易透顯，而增加了為其學定位的困難度，本文即嘗試突破以上的困境而提出：

　　第一章、諸論：主要論述為學方法與目的，及其困難之處。

　　第二章、學思歷程與時代思潮：先述甘泉生平與師友交遊，再由時代思潮的變化，藉由理氣與心性兩股時代的思潮趨勢，以概括甘泉思想所處之時代背景，並作為甘泉思想定位的兩個座標。

　　第三章、理氣論：分析甘泉理氣論的特色，並探討其「理氣合一」說。

　　第四章、心性論：分析甘泉在心性論上的主張，並提出「心性氣合一」的理論模型。

　　第五章、修養論：說明甘泉「隨處體認天理」的宗旨與內涵，以及如何由認知心的為學路徑，透過「勿忘勿助之間」的工夫，以轉化作德性心的天理過程。

　　第六章、甘泉學的定位與價值：藉由甘泉學對白沙學的融會與轉向，觀察甘泉與江門心學的傳承關係；由甘泉學對朱學的吸收與修正，釐清甘泉與朱學的糾葛；由甘泉與王學的比較，了解其間的異同，以得其在時代思潮中的定位與貢獻。其次，再論及甘泉學的傳承，與其後學對王門的針砭，復對應於晚明「朱、王合流」思潮的啟發與開拓，以明甘泉學在「朱王會通」這一議題，所取得的成就。最後，甘泉學對於認知心與德性心的轉化，這一論題上的嘗試，則有其今日的時代意義。

　　第七章、結論：比較甘泉學與朱學、王學的異同，以得其「心性氣合一」之學的特色，由其完整的體系與獨特的工夫主張，實乃自成一家之言，而與上述兩家皆有別，是當視作一獨立學派來看待。由時代思潮的演變上說，則甘泉、白沙與陽明，可說是針對朱學之弊而生的三種不同的心學型態，表示明代由朱學以至於王學這一思潮的變化，其間是呈現多元的百家爭鳴的局面，這是研究明代理學演變時，值得我們注意的現象。

　　此外，甘泉學本身亦有其缺陷處，如對「中正」之義的無所據，對「勿忘勿助」之說的不能自圓其說等皆是。但其理論本身，仍表現出豐富的時代色彩，有助於我們進一步研究明代中期這段理學思潮的變化過程。

目次

序

　　研究湛甘泉的理學思想，是無意間發現並決定的，當初並不知道會遇到什麼樣的困難？豈知一頭栽進去之後，才知道甘泉的思想十分的駁雜，既有朱學的影響，又有王學及白沙的影子，這樣的情形曾經給我很大的困擾，不知有多少個夜晚，我因理不清其思路而輾轉難眠。隨著對甘泉的逐漸認識，也漸漸的了解到，不是人人都能像朱子、陽明那般偉大，大多數的人都像甘泉一樣，努力的吸收大家的思想，並能作些微的變化與進展，便是其了不起的成就。因為大家也是站在這許多不完美的小家學說的基礎上而得成就的，不是嗎？因此我們又豈可輕忽這些小家學說的價值呢？甘泉也許不如朱子、陽明那般能開宗立派，但其學亦自成一家而有其價值，是一個重要的時代見證。

　　這篇論文的順利完成，我將它歸功於我的指導教授王師俊彥。如果沒有王老師的析心指導，我恐怕早已陷溺在甘泉紛亂的思想材料之中，而打了退堂鼓吧！再加上寫這篇論文時，又適逢家變，人事的紛擾與論文的壓力，幾乎使我無法承擔，感謝王老師在這段期間對我的開導與勉勵，此外，金老師對我的關心，以及麗雲、媛婷、致遠、純玲、可雲等諸好友的支持與鼓勵，亦使我銘感於心。

第一章 緒 論

第一節 研究動機與目的

關於明代理學發展的研究，多集中於陽明「致良知」之學與王學本身的流變，但對於明代中期，由以朱學爲主演變至以心學爲主，這段時期思潮的變化，則欠缺較深入的探討，確爲一大憾事。而甘泉即是位於這段轉型期中的一位大思想家，其與陽明乃並列於當世，故《明儒學案》云：「先生〈甘泉〉與陽明分主教事，明陽宗旨致良知，先生宗旨隨處體認天理，學者遂以王、湛之學，各立門戶。」，〔註 1〕是可見甘泉於當代，亦具有廣大的影響力。

因此對這樣一位具有影響力的思想家，確應值得我們做進一步的探討，不僅有助於我們對其學說本身的認識，也有助於我們更了解明代中期，這段思潮變化的實況。可惜的是，國內對甘泉的研究比較缺乏，僅有少數的論文與專著，而縱觀古今對甘泉的研究，則對其學術定位與特色，似又呈現南轅北轍的兩極看法，如黃宗羲評其爲「是囿於舊說」，〔註2〕是以朱學之流目之，而侯外廬等則以爲其「最後得出『萬事萬物莫非心』的心學結論」，〔註 3〕是又以心學的型態看待，又或以甘泉乃「介於朱、王之間」，而以「過渡者」視

〔註 1〕 《明儒學案》，卷三十七，「甘泉學案一」，頁 876。
〔註 2〕 同註 1，頁 877。
〔註 3〕 《宋明理學史下》，「湛若水對江門心學的發展與江門心學的學術歸向」，頁 173。

—1—

之，〔註4〕是以學術界至今對甘泉學的內容與價值究爲何？尚莫衷一是。

　　由於國內對甘泉之學研究的貧乏，以及學界對甘泉之學定位的紛亂與模糊，所以對甘泉之學所呈現的義理深度，與其背後所蘊含的時代特色，確實皆值得我們先做一番分析探討，此亦爲本文研究的動機，而其目的便在期能早日釐清甘泉之理路，使後人得明甘泉學之眞象，並對明代中期朱學與心學間的思潮演變，能有多一分了解。

第二節　研究之困難處

　　研究甘泉思想的困難處，主要在於甘泉思想本身的博雜，與前人研究成果的貧乏與歧異，首先在甘泉思想本身，由於甘泉自幼熟習朱學，具備了深厚的朱學基礎，青年時又受學於白沙，復浸淫於白沙心學之中，隨後承其衣缽，一生以發揚其師之說爲志，此外，其與陽明相交甚篤，與同時代不同學派之諸儒相互論學。故其思想本身呈現出多元的內涵，卻也不免於龐雜，此與其所受之多元的思潮影響有關，其中以朱學、白沙之學與陽明心學，爲最具影響力，是以要研究甘泉之學，便不得不對上述諸學先有一定程度的了解，否則便不易理出其頭緒，且易陷入一紛亂之迷團中。

　　其次，由於前人對甘泉的專門研究不多，其大半是附於某一學術史的論著中，寥寥幾筆介紹其說而已，因此所論多半籠統而簡略，是以在研究的過程中，所能得到的幫助不多，而須有賴於自己的摸索，這可以說是研究甘泉時的另一個困難。

　　最後，是甘泉的著作等身，除《甘泉文集》三十二卷以外，《聖學格物通》有一百卷，此外尚有《古本大學測》、《中庸論孟測》、《二禮經傳測》、《古易經傳測》等散佚於外，因此甘泉思想材料的龐雜，也是研究甘泉的困難之一。本文主要研究材料是以《文集》爲主，以《文集》中即記錄他各個時期的言行思想之故，但由於《文集》並未出版，而目前國內所存善本，唯有台大圖書館藏清同治丙寅年資政堂刻本，而據喬清舉所考，大陸北京、上海等圖書館善本室中，尚存有更早的時代「嘉靖本」與「萬曆本」，〔註5〕可惜作者未得赴彼岸一見，不能多作比較，此爲一大遺憾。

〔註4〕于化民，《明中晚期理學的對峙與合流》第三章，「介於朱王的甘泉學派」，頁93。
〔註5〕喬清舉著，《湛若水哲學思想研究》，附錄「甘泉著作版本介紹」，頁253。

第三節　研究方法

　　由於甘泉所處乃新舊思潮的交替時期，再加上其本身所承思想的多元化，是以本文採用的方法，主要有兩條主脈：

　　一、縱的方面，此部分著重於時代思潮的變化情形，希望先由一大的史觀來俯瞰，由明初以至於明中這段時期思潮的演變趨勢，以明甘泉所處之時代背景與所承之學術淵源。

　　此方面的研究方法，是以黃宗羲《明儒學案》為基本架構，其中所載諸儒之言行思想為主要參考依據，亦徵引諸儒之文集。此外《明史、儒林傳》亦保存許多重要資料，再輔之以各類《理學史》等著作，相關論文專著等融會出一條脈絡，以務求能對這段時期的思潮變化，有一較準確的認識。

　　二、橫的方面，則著重在甘泉思想的本身，及其與同時代諸儒的比較。在甘泉思想方面，則分「理氣論」、「心性論」、「修養論」三部，以明其天道觀的實義，對心性的看法，及所主張的工夫途徑，以期能基本上了解甘泉的思想大概。

　　其次，是透過諸儒的比較，此中「諸儒」所指主要是朱子與陽明，由於甘泉思想本身所承的龐雜性，因此單由其本身的著作材料中分析整理，有時其思想旨意仍是模糊難確定的。而藉由與朱學或王學，在同一議題上相互的比較，便更能凸顯出甘泉的特色，或是透過在同一議題上，與同時代之諸儒的相互論辨，也能使我們更明白甘泉之說的真正內涵，是更能較精確地呈現出甘泉學說的真象。

　　有關甘泉思想材料的分析方面，其研究方法為摘錄原文中有關議題的資料，製成卡片，再針對同一議題上的各筆材料間，相互參照比較，務求能更清楚的掌握其間的主旨，以明瞭其對相關議題的看法，而成為甘泉思想的初步認識。

　　在對諸家義理的比較方面，有的是直接就甘泉與諸儒往來論辨之書信，進行分析其間義理之異同；有的是先搜集各家相關議題的不同主張，間接地與甘泉之說進行比較，以見其間思想的演進或傳承的脈絡。

　　本文對於甘泉思想的把握與其學術定位的判斷，主來自於上述縱橫兩條脈絡的分析與歸納中而得，而對於其學術的價值，則分作三個層次來衡量：

　　一、就甘泉對當代思潮演變過程中的貢獻來看，尤在以對朱學的修正上，
　　　　及其與心學的互動之間，是研判的重點。

二、就甘泉後學，對明中以後的思潮影響來說，亦即由晚明「朱王合流」
　　的思潮趨勢，再回頭來看甘泉在這一議題上的貢獻。

三、甘泉之學對今日的我們，又有何啓發？這是就甘泉學的現代意義言。

以上便是本文的主要架構，希望透過上述的方法，結合前人的努力，使
我們能對甘泉的學術原貌，作一如實的展現，以期能予以一公允的學術定位，
此乃本文之主旨所在。

第二章　學思歷程與時代思潮

第一節　甘泉之生平

一、早年的舉業

　　湛甘泉，明憲宗成化二年（1466）十月十三日，生於廣東增城府甘泉郡沙壩村，字元明，初名露，避祖諱，改名雨，後定為若水。以居甘泉郡，學者稱「甘泉先生」，卒於明世宗嘉靖三十九年（1560），享年九十五歲。

　　甘泉稍長，凝然莊重有如愚者，以家多變故，至於十四，方始入小學，年十六從學于府庠，適撫台前來視學，教官乃訓令諸生跪迎於道旁，獨甘泉岸然獨立，堅不相從。孝宗弘治五年（1492），甘泉應鄉試，士子按例須徒跣以聽檢閱，甘泉固諫曰：「此非所以禮士也。」，以書經中式第一卷，時年二十七。次年，會試不幸落第。〔註1〕

　　故觀甘泉早年經歷，實已流露出卓然不群的個性，其此時之為學主要是以科舉應制為主，而明代之科舉，又以程、朱之經典為主。故甘泉在二十九歲以前，可以說是浸淫在程、朱之學的義理中，是以這段學習經歷，也為他日後在程朱之學的消化與吸收上，奠定了深厚的基礎。

二、從學白沙，傳承江門

（一）悟「隨處體認天理」之旨

〔註 1〕《甘泉文集》以下簡稱《文集》，卷三十二，頁 8，洪垣撰，「墓誌銘」。

會試的落第，對甘泉來說是一大打擊，也使得他一時對仕途心灰意冷。於是第二年〈弘治七年〉（1494），對甘泉來說是一個人生的轉捩點，這一年甘泉從學於白沙而師事之。如此用功者三年，遂悟「隨處體認天理」之旨。〔註2〕在〈上白沙先生啟略〉書中，甘泉便向白沙說明了自己的體悟：

> 一旦，忽然若有開悟，感程子之言，吾學雖有所受，天理一字，卻是自家體認出來。李延平默坐澄心，體認天理。愚謂天理二字，千聖千賢大頭腦處，堯舜以來至孔孟，說中說極、說仁義禮智，千言萬語，都已該括在內。若能隨處體認真見得，則日用間參前倚衡，無非此體，在人涵養以有之於己耳。〔註3〕

甘泉雖然在此中，並沒有明確地標出「隨處體認天理」，但其宗旨已蘊含於其中，白沙亦首肯曰：「日用間體認天理，著此一鞭，何患不到古人佳處。」，〔註4〕可說是得到了白沙的印可。甘泉遂以此作為往後論學的宗旨，而不曾背離過。

（二）傳承江門

甘泉在江門深受白沙看重，如白沙本為李承箕而築楚雲臺，後使甘泉居之。嘗有問及守臺者，白沙答云：「時有湛雨者，始放膽來居之，冷燄迸騰，直出楚雲之上。」，又指甘泉語人曰：「此子為參前倚衡之學者。」，〔註5〕是可見甘泉為白沙所器重如此。

甘泉師事白沙，前後歷經七年。弘治十三年（1500）白沙逝世，辭世前贈甘泉以江門釣臺。有七絕三首：

> 小坐江門不記牢，蒲祠當膝幾回穿；
> 如今老去還分付，不賣區區散帶錢。

> 皇王帝伯都歸盡，雪月風花未了吟；
> 莫道金針不傳與，江門風月釣臺深。

> 江門漁父與誰年，慚愧公來坐榻穿；
> 問我江門垂釣處，囊裡曾無料理錢。

> 跋云：「達摩西來，傳衣為信，江門釣臺亦病夫衣缽也。今付與湛民

〔註2〕前引書，卷三十二，頁9，「墓誌銘」。
〔註3〕喬清舉，《湛若水哲學思想研究》，頁247，所引嘉靖十五年本，卷十七之條。
〔註4〕《文集》，卷三十二，頁2，羅洪先撰，「墓表」。
〔註5〕前引書，卷三十二，頁3。

　　　　澤收管，將來有無窮之祝，珍重！珍重！」〔註6〕

蓋白沙仿禪宗「傳衣為信」之例，亦以江門釣臺付予甘泉以為講學之所，其
託付之意甚明，所謂「莫道金針不傳與，江門風月釣臺深」，是可見白沙對甘
泉寄望之深重，而甘泉亦為之制斬衰之服，廬墓三年，不入室，如喪其父然。
從此甘泉乃以傳承江門之學自許。

　　　　白沙對甘泉的影響是非常深遠的，除以「隨處體認天理」作為其一生講學
的宗旨外，甘泉在仕途順遂之後，足跡所至，必建書院，以祀白沙，〔註7〕甚
至在其八十六歲暮年之時，猶作「白雲白沙祠像告成文」以追念其師，而云：

　　　水也聞弟子之事師如事親，是故於其沒也，有三成之道焉。具體
　　　克肖謂之德成；見于於羹牆，僾乎聲容謂之思成；刻木肖形謂之
　　　像成。德成不已，求之思成，思成不已，求之像成，皆有不得已
　　　焉也。〔註8〕

因此甘泉從學於白沙這一階段，可說是他求學方向的轉捩點，他由一隨時勢
以應試制文的士子，轉而為一學有所本的儒者，即甘泉在這段時期，確定下
來為學的方向，也揭櫫了其為學的宗旨「隨處體認天理」。而甘泉終其一生，
也未易其宗旨，只是不斷的擴充其理論體系與內容而已，故從學白沙這段時
期，對甘泉之學的建立，有著關鍵性的地位。

三、隱居西樵時期

　　　　白沙去世後五年，弘治十八年（1505），甘泉受母命復出會試，學士張元
禎、楊亭和為考官，撫其卷曰：「非白沙之徒，不能為此。」，置第二，賜進
士，選庶吉士，授翰林院編修，這是甘泉正式步入仕途的開始。

　　　　正德七年（1512）甘泉奉使安南，冊封安南國王，王欲饋金，卻不受，
居安南三年。正德十年（1515）丁母憂，歸葬增城，廬墓三年，至於正德十
二年（1517），服闋，遊於西樵，始決意隱居於此。乃上疏乞以養疾為由，
上許之，遂於是年築室於西樵山煙霞洞，而展開了另一段山中讀書講學的歲
月。

　　　　甘泉在〈與楊士德〉書中談到他目前的生活言道：

〔註6〕同註5。
〔註7〕《明史》，「儒林二」，卷二八三，頁7267。
〔註8〕《文集》，卷三十，頁9。

秋，築室於西樵大科峰下，日與泉石猿鶴優游，非學問之士不接，

安閒活淡若終身焉。〔註9〕

實則甘泉在這段時期，亦並非這般優閒，他積極投入於著述與辦學中，在著述方面，甘泉於是年開始編次《二禮經傳測》，此書凡六十八卷，自正德十二年（1517）迄嘉靖四年（1525），歷九年而後成。據喬清舉考證云：「該《測》依據《中庸》子思『優優大哉，禮儀三百，威儀三千』一句，斷定『夫威儀者，其曲禮乎；禮儀者，其儀禮乎，故曰禮二而已矣。』，以少儀參曲禮為上經，以儀禮為下經，冠義等十六篇為儀禮正傳，以王制等二十三篇為二禮雜傳、通傳，又別小戴郊特牲五篇與夫大戴公符等四篇為儀禮遺經傳，是為該卷的主要內容。」，〔註10〕故該書實為甘泉對「禮」方面的主要著作。惜乎此書甘泉於嘉靖十五年（1536）上送朝廷，但並不為朝廷所認同，以為其「以戾孔氏，罷不省。」，〔註11〕想必甘泉當引以為憾事。此外，甘泉亦整理古本《大學》及《中庸》，而有《學庸二測》之作，並以寄陽明，陽明答書云：「中間極有發明處，但於鄙見尚大同小異耳。」，〔註12〕是亦得到陽明的肯定。

甘泉在遷居西樵的同時，便在大科峰下闢建大科書院，開始其講學的生涯。來學之士子，皆須自給錢米，聽講前必齋戒三日以澄其心，再令習禮以肅其行，然後受學焉。〔註13〕

正德十五年（1520）甘泉作「大科訓規」，其中可見其學術與立教之宗旨。其序云：

夫規何為者也？夫學心而已焉者也，何莫非心也，心得其職則敬，敬為義，心失其職則肆，肆為利，利義之判也。間焉者也，義為志道，為體認天理，為尋樂也實，為求道於人倫之間，為篤實，為言動由中出，為不怨尤遷怒，為事父兄也誠切，為自得師，為傳習，為遇長者謙讓，為處同門久敬，為約信，為去成心，為二業併，為內外混合，為讀書調心合一，為作字也敬，為考業用心也精，為觀山水不失己，為博六經以開知見，為作文也發揮所得，為教束家僕，

〔註 9〕 《明史》，「儒林二」，卷二八三，頁 7266。

〔註10〕 喬清舉，《湛若水哲學思想研究》，頁 252。

〔註11〕 《國榷》，卷五六，頁 3535。

〔註12〕 《陽明全書》，卷五，頁 11。

〔註13〕 《中國方志叢書‧廣州府志》，卷一百二十五，列傳十四，頁 17。

充其類焉，及其成也爲君子。〔註14〕

以下列訓規六十一條，茲冗不述，由上亦得見甘泉興學立教之旨趣所在。由於甘泉主張兼重德業與舉業，而倡所謂「二業合一」。故其立教既重義理的自得，另一方面也重考業的用心，故從學者頗眾。書院所訂日課嚴謹，學生雞鳴則起，寅卯辰三時誦書，巳午看書，未時作文，申酉默坐思索，戌亥溫書，有怠惰者戒飭之。〔註15〕

明初至於明中，由於官學發達，因此私人講學之風，不若宋、元之盛。甘泉大科書院的建立，可謂啓其先聲，而「大科訓規」的提出，也爲書院的立教宗旨與運作，奠定了基礎與規模。甘泉一生辦了三十多所書院，學生達到三千九百餘人，其影響不可謂不深遠。〔註16〕

因此甘泉隱居西樵這段時間，雖然較爲沉潛，但在此期間，對甘泉而言，卻也有其重要意義。首先在著述方面，有《二禮經傳測》、《學庸二測》的成書；其次在辦學方面，大科書院的建立與「大科訓規」的頒布，爲甘泉往後的立教興學、廣設書院，奠定了基礎。

四、仕途的復起

世宗即位，是甘泉生命中的另一個轉捩點，嘉靖元年（1522）甘泉五十七歲，在都御史吳廷舉、朱節的疏薦下，復得起用，補編修，陞翰林院侍讀。從此甘泉在仕途上便平步青雲，嘉靖三年（1524）陞南京國子監祭酒，嘉靖七年（1528）陞南京吏部右侍郎，嘉靖八年（1529）轉禮部左侍郎，嘉靖十年（1531）轉本部左侍郎，嘉靖十二年（1533）陞南京禮部尚書，嘉靖十五年（1536）轉南京吏部尚書，嘉靖十八年（1539）轉南京兵部尚書，嘉靖十九年（1540）致仕，時年七十五歲。〔註17〕

故在世宗朝，甘泉仕途頗爲得意，甘泉亦思有所作爲，屢屢上疏進言。如在嘉靖二年，甘泉即上言「陛下初政，漸不克終，左右近侍，爭以聲色異教蠱惑上心。大臣林俊、孫交等不得守法，多自引去，可爲寒心，亟請親賢遠奸，窮理講學，以隆太平之業。」，〔註18〕嘉靖三年（1524）又上「乞謹

〔註14〕《文集》，卷六，頁1。
〔註15〕前引書，卷六，頁4。
〔註16〕參考陳郁夫，《江門學記》，「大科書院及訓規述評」，頁289。
〔註17〕《文集》，卷三二，頁10，洪垣撰「墓誌銘」。
〔註18〕《明通鑑》，卷五十，頁374。

天戒急親賢疏」、〔註19〕至於嘉靖十年（1531）甘泉更連上「天德王道第一
疏並頌賦」、〔註20〕「天德王道第二疏」、「君臣同遊雅詩疏」、「奉詔進講章
疏」〔註21〕及「進聖學疏」、〔註22〕「勸收斂精神疏」〔註23〕等。

　　此外，甘泉自嘉靖四年（1525）起，開始編次《聖學格物通》，此書內容
涉及學術、政事、農耕、水利等，共一百卷，歷時七年始成。作《大學衍義
補》以進上，並於南京築觀光館，集居四方學者講學，作〈心性圖說〉以為
教。〔註24〕可以說甘泉之學在這段時期，其影響力日增，亦正如宗羲所言：「先
生〈甘泉〉與陽明分主教事，陽明宗旨致良知，先生宗旨隨處體認天理，學
者遂以王、湛之學，各立門戶。」、〔註25〕故甘泉學是在這一時期，因甘泉聲
譽日隆，以及隨著書院的遍設，而逐漸發展成一具影響力的學派。

五、晚年之論學

　　甘泉致仕後，乃以講學為任，其弟子洪垣為廣東侍御，設天關書院以居
甘泉。嘉靖二十三年（1544）甘泉時年七十九，猶攜門人作南岳之遊。嘉靖
二十七年（1548）與錢緒山論學於增城，甘泉云：

　　　良知不由學慮而得，天然自有之知也。今遊先生〈緒山〉之門者，
　　　皆曰：「良知無事學慮，任其意智而為之。」，其知已入不良，莫
　　　之覺矣。猶可謂之良知乎？所謂致知者，推本然之知，功至密也。
　　　今遊先生門者乃云：「只依良知無非至道」，而致之之功，全不言
　　　及。至有縱情恣肆，尚自信為良知者，立教本旨果如是乎？〔註26〕
蓋陽明沒後，王學之流弊漸生，甘泉便站在功夫修養的立場，而予以批評，
緒山則曰：

　　　「公勿忘勿助之訓，可謂苦心。」，〈甘泉〉曰：「云何苦心？」曰：
　　　「道體自然，無容強索，今欲矜持操執以求必得，則本體之上，

〔註19〕《文集》，卷十九，頁7。
〔註20〕前引書，卷十九，頁18。
〔註21〕前引書，卷十九，頁3。
〔註22〕前引書，卷十九，頁29。
〔註23〕前引書，卷十九，頁31。
〔註24〕《明史》，「儒林二」，卷二八三，頁7267。
〔註25〕《明儒學案》，卷三九，「甘泉學案一」，頁876。
〔註26〕《明儒學案》，卷十一，「浙中王門學案一」，頁230。

無容有加，加此一念，病於助矣。然欲全體放下，若見自然，久
之則又疑於忘焉，今之功夫既不助又不忘，常見此體參前倚衡，
活潑呈露，此正天然自得之機也。蓋欲揭此體以示人，誠難者辭，
故曰苦心。」，先生瞿然顧緒山曰：「吾子相別十年，猶如常聚一
堂。」〔註27〕

緒山之學，謹守陽明「四句教」，所謂「無善無惡心之體，有善有惡意之動，
知善知惡是良知，爲善去惡是格物。」之說，不僅保任住本體良知的超越義，
同時以爲善去惡爲下手處，是亦不廢功夫之重要。故不若龍溪以「四無」立
教之流弊爲大，因此站在同重工夫的立場上，甘泉與緒山並沒有太大的歧見，
而相談甚歡。甘泉晚年所學益淳、所操益化，在其九十四歲時所著「默識堂
記」中，可見其氣象。其云：

默識，聖人之本教，而君子之至學也。記曰：「維天之命，於穆不已」，
蓋曰天之所以爲天也，「於乎不顯，文王之德之純」，蓋曰文王之所以
爲文也，純亦不已，文王默識之道同於天，文王沒，道在孔子，故語
子貢曰：「予欲無言」，蓋以天自處，此孔門之本教也。……記曰：「予
懷明德，不大聲以色，聲色之於化民，末也。」，故無聲無臭散而爲
三千三百，識乎！識乎！子思沒，道在孟子，孟子曰：「必有事焉而
勿正心勿忘勿助長」，蓋發默識之功也，周濂溪曰：「無思而無不通爲
聖人」，程明道曰：「勿忘勿助之間，緣無絲毫人力，此其存之之法。」，
孟子之道在周程，周程沒，默識之道在白沙，故語予日用間隨處體認
天理，何患不到聖賢佳處。陽明王公扣予曰：「天理何如？」應之曰：
「天理何應，廓然大公」，陽明曰：「唯唯」，初無不同也。〔註28〕

甘泉歷數自文王孔子，經濂溪明道，以至白沙之學，其一貫之教，只在教人
「默識」此生生不息之天道。甘泉自言其「隨處體認天理」之學，便承此一
脈而來，甘泉之學本較重理論的展示，至於晚年乃由於所操存日益精深圓融，
遂不再務於理論的分解，而以「默識」爲教焉，誠有所得也。嘉靖三十五年
（1556），甘泉時九十一歲，再重遊于南岳，而於嘉靖三十九年（1560）四月
二十二日，逝於禹山精舍，享年九十五歲。〔註29〕

〔註27〕同註26。
〔註28〕《文集》，卷十八，頁19，「默識堂記」。
〔註29〕《文集》，卷三二，頁11，洪垣撰「墓誌銘」。

第二節　甘泉之師友論交與著作

一、白沙的影響

　　甘泉二十九歲，從學於白沙，此時白沙已六十七歲，而其所學所養亦日益純熟，白沙之學歸於「自然」，其工夫則主在「靜坐」中呈露心體，在氣化流行中自得之，故其所示於甘泉者，亦多此自得之體悟。其云：

> 古之善學者，常令此心在無物處，便運用得轉耳。學者以自然為宗，不可不著意理會。〔註30〕

> 有學無學，有覺無覺。千金一瓠，萬金一諾；
> 於維聖訓，先難後獲。天命流行，真機活潑；
> 水到渠成，鳶飛魚躍。德山莫杖，臨濟莫喝；
> 萬化自然，太虛何說。繡羅一方，金針誰掇。〔註31〕

白沙這種宗自然、尚自得的心學氣象，對於早年的甘泉有強烈的影響，甘泉在「奠石齋先師父」中，申言其師之學。云：

> 先生獨得不傳之奧以傳後人，擴前聖之未發，起歷代之沉淪，「至無而動，至靜而神」，因聖學以明無欲之敬，舉鳶飛以示本虛之仁，卓見乎神化，初不離乎人倫，即一事一物之末而悟無聲無臭之根，於勿忘勿助之間而見參前倚衡之全，握無為之機而性成久大之業，啟自然之學而德有日新之源。……至其所謂不可傳者，經不可以言而陳，蓋必有潛諸心，有踐諸身，窺其奧而探其淵，夫然後信先生之所立不遠而卓，所學不雜而純也。〔註32〕

在此可見甘泉對白沙之學的掌握，而此時甘泉的思想亦重在對道體的自得與把握，其用字亦多混沌之語，和白沙可謂一脈相承。在甘泉三十九歲，奉母命赴京會試，作「睟面盎背論」，大致可反映其時之思想。其云：

> 人有所不能不形於外者，其天機之所不能已者。夫天機之發，森不可遏，其凡可以遏之而又可以形之者，大抵皆人為也，非天機也。……本體自然，不犯手段，積以歲月，忽不自知其機之在我，則其睟於面盎於背，皆機之發所不能已，而寂不能以不感，靜不能以不動，

〔註30〕《陳白沙集》，卷二，〈遺言湛民澤〉，頁63。
〔註31〕前引書，卷六，頁1，〈示湛雨〉。
〔註32〕《文集》，卷三十，頁1。

內不能以不外，隱不能以不彰，亦理之常，無足怪者。〔註33〕

孟子曰：「君子所性，仁義禮智根於心，其生色也，睟然見於面，盎於背，施於四體」，〔註34〕以言仁義禮智之性據於心，循此性而行，則能養其浩然之正氣，此德性之輝光自能貫於四體，自能發見於外，以卓然成就德性之人格。甘泉則藉此說，以喻天機之蘊於己而不能已者，是以形於外以睟面盎背焉，而此所謂「天機」者，即是天道本體之自然，是甘泉此說確乃承白沙而來。

　　但隨著甘泉思想的逐步成熟，以及其對白沙主張的不斷修正，甘泉乃漸漸走出自己的路，而有其自己的主張。由其不滿於張詡所作「白沙先生墓表」，而另作之白沙「墓誌銘」中可見。其云：

> 人至無無欲也，至近近思也，神者天之理也，宇宙以語道之體也，乾乾以語其功也，勿忘勿助一也，中正也，自然之學也，皆原諸周程至矣。惟夫子道本乎自然，故與百姓同其日用，與鬼神同其幽，與天地同其運，與萬物同其流，會而通之，生生化化之妙，皆吾一體充塞流行於無窮，有握其機而行其所無事焉耳矣，惟夫子學本乎中正，中正故自然。〔註35〕

蓋甘泉此時已不再作混沌的用語，而傾向於義理的解釋與展示，並由自己的主張，即「中正」之義，來陳述白沙之學。可以看出甘泉已建立自己的理論架構，不再如前述多用白沙之語，如「靜坐」、「天機」之類的混沌語，而是很明確的申說其「無欲」、「近思」、「勿忘勿助」的主張。

　　故白沙對甘泉的影響，主要是在早年時期，這時甘泉不僅以白沙「呈露心體」為宗旨，且在工夫上亦循其「自得」的主張，在氣化流行的生生之機中，在不能已的自然發見下把握天道本體，此時甘泉可謂是承襲白沙之學。但白沙沒後，隨著甘泉思想的逐漸成熟，其學說中乃不僅只有白沙之說，且吸收了許多朱學的成份，而與陽明的論文，亦或多少受其影響，使得甘泉之學變得豐富而複說，且吸收了許多朱學的成份，而與陽明的論文，亦或多少受其影響，使得甘泉之學變得豐富而複雜，甘泉乃匯諸說而自成一家，則白沙的影響便逐漸的減少。雖然如此，但甘泉依然是以心體的呈露作為其學的宗旨，只是在路徑上，已不同於白沙，但甘泉終其一生，仍對白沙懷著無限的追念。

〔註33〕前引書，卷十七，頁 10。

〔註34〕《孟子集注・盡心上》，卷十三，頁 355。

〔註35〕《陳獻章集》，卷末，頁 27，湛甘泉撰「明故翰林院檢討白沙陳先生改葬墓碑銘」。

二、與陽明及諸儒的論交

甘泉與陽明相識於弘治十八年（1505），甘泉始成進士，擢翰林院編修，陽明時任兵部武選清吏司主事，甘泉在陽明「墓誌銘」中，回憶二人初識，言道：「會甘泉子於京師語人曰：『守仁從宦三十年未見此人。』，甘泉子語人亦曰：『若水泛觀於四方，未見此人。』，遂相與定交講學。」，〔註36〕是可見其二人一見如故、相互推許之情。

正德元年（1506），對陽明來說，是人生中的一個轉捩點。這一年武宗初立，權宦劉瑾竊柄干政，戴銑等以諫言獲罪，陽明基於義憤，上疏救之，遂忤劉瑾，亦下詔獄，已而廷杖四十，既絕復蘇，尋謫貴州龍場驛驛丞。〔註37〕正德三年（1508）陽明至龍場，於是年，遂悟「格物致知」之旨，以為「聖人之道，吾性自足，向之求理於事物者，誤也。」，〔註38〕陽明心學的建立便由此開展。

甘泉則於正德七年（1512）出使安南，陽明作詩送別，其序曰：

> 晚得友於甘泉湛子，而後吾之志益堅，毅然若不可遏，則吾之資於甘泉多矣。甘泉之學務求自得者也，世之未能知，其知者且疑其為禪。誠禪者，吾猶未得而見，而況其所志卓爾若此，則如甘泉者，非聖人之徒歟？……吾與甘泉友意之所在，不言而會，論之所及，不約而同，期於斯道，斃而後已者。〔註39〕

是可見甘泉與陽明，此時相交甚篤，所論常不約而同，故相互期許發明聖道。陽明並為甘泉之學遭近禪之譏者申辨，二人在此時並無重大之歧見發生。

由正德七年（1512）至正德十六年（1521），近十年中，甘泉自安南回國後，又歷經母喪，並退而隱居西樵，甘泉在仕途上幾無建樹，可謂是其生命中的沉潛期。反觀陽明，卻正好相反，陽明在此期間，無論是其功業或心學的理論，皆有所成。蓋陽明於此期間，平撫南贛、汀、漳之賊，掃平橫水、桶岡諸寇，更於正德十四年（1519）弭平宸濠之亂，封新建伯，可謂功名顯赫。在心學的理論上，則提出「知行合一」之說，並始揭「致良知」之教。

由於兩人處境與際遇的不同，在甘泉隱居西樵這段期間，兩人的思想便

〔註36〕《文集》，卷三十一，頁 15。
〔註37〕《陽明年譜》，卷一，頁 6。
〔註38〕前引書，卷一，頁 7。
〔註39〕《陽明全集》，卷七，頁 4。

漸生分歧而生論辨，其爭議點有「斥佛老」與「格物之辨」，而又以對「格物」的看法分歧最大。首先，在「斥佛老」方面，實則甘泉與陽明早年皆嘗浸淫於佛老之中，甘泉在〈答歐陽崇一〉書中道：

> 蓋三十歲時，曾從事於此，亦見快意，久之覺其無實亦無實德，如談空畫餅耳。且心事既判，又云理障，其害道不爲小矣，所以惡之者，非惡佛也，惡其害道也。〔註40〕

甘泉對釋氏是採較爲敵對激烈的態度，以佛學乃有害於聖學者目之，相對於甘泉，陽明則顯得較寬容得多。故甘泉於正德十年（1515）曾致書陽明，其云：

> 叔賢到山間，道及老兄，頗訝不疑佛老，以爲一致，且云「到底是空」，以爲致之之論，若然則不肖之惑滋甚。蓋上下四方之宇，古往今來之宙，宇宙間只是一氣充塞流行，與道爲體，何莫非有？何空之云？雖天地弊壞，人物消盡，而此氣此道亦未嘗亡，則未嘗空也，道也者，先天地而無始，後天地而無終者也。〔註41〕

甘泉在此以其「渾然一氣」之說，強調此氣此道是爲實有，既非無、也非空，以斥佛老之說。陽明其時務於兵事，故二人於此並沒有再進一步的論辨。甘泉與陽明之主要論爭集中於對「格物」之義上。正德九年（1514）冬，陽明與甘泉會於南京龍江關，論及「格物」之義，論爭遂起。據《傳習錄》載：

> 先生〈陽明〉與甘泉先生論「格物」之說。甘泉持舊說，先生曰：「是求之於外了。」甘泉曰：「若以格物理爲外，是自小其心也。」〔註42〕

陽明以甘泉「格物」之說，是求理於外，乃襲朱子之舊義。甘泉於次日乃寄書陽明，反駁道：

> 昨承面論《大學》格物之義，以物爲心意之所著，荷教多矣。但不肖平日所以受益於兄者，尚多不在此也，兄意只恐人舍心求之於外，故有是說。不肖則以爲人心與萬物同體，心體物而不遺，認得心體廣大，則物不能外矣。故格物非在外也，格之致之之心，非在外也，若以爲心意之著見，恐不免有外物之病。〔註43〕

甘泉則強調其心當體察萬物而不遺，以天地萬物爲心之範圍爲說，以反駁陽

〔註40〕《文集》，卷七，頁30，〈答歐陽崇一〉。
〔註41〕《文集》，卷七，頁3，〈寄陽明〉。
〔註42〕《傳習錄下》一，頁115。
〔註43〕《文集》，卷七，頁1，〈與陽明鴻臚〉。

明指其說爲「求之於外」的批評，並反謂陽明以物爲心意之所著之說，乃是「外物」，求之於內。正德十六年（1521）甘泉再復陽明重申自己「格物」的主張其云：

> 鄙見以爲格者至也，格于文祖有苗之格，物者天理也，即言有物，舜明於庶物之物，即道也。格即造詣之義，格物者即造道也，知行並造，博學、審問、慎思、明辨、篤行皆所以造道也，讀書、親師友、酬應，隨時隨處皆隨體認天理而涵養之，無非造道之功，意身心一齊俱造，皆一段功夫，更無二事。〔註44〕

甘泉此時確已將「隨處體認天理」之旨，融會貫通，並以之消化「格物」之說，而提出以「造道」作爲其內涵的新義。甘泉對陽明「格物」說，最嚴厲的批評，乃在嘉靖元年（1522）〈答陽明都憲論格物〉書中，甘泉批評陽明格物之說，有「不敢信者四」，一、是「正念頭」與「正心」，在文義上重複；二、是以「正念頭」訓「格物」，於經典上無據；三、是無講學之功；四、是「尊德性」與「道問學」，二者不可偏廢；而己之說有「可采者五」，一、是以「至其理」爲訓，與伊川乃同然；二、是「至其理」與「止至善」、「知止」爲一貫之義；三、是合於古本《大學》以修身申格物之旨；四、是合於伊川以涵養寡欲訓格物之旨；五、是合於聖賢修德講學之訓。

關於甘泉與陽明二者之間義理上的差異，以及所導致的論爭，在本文第六章修養論中，將作專節討論。

此外，甘泉亦與聶文蔚，論「隨處體認天理」、「勿忘勿助」之說，其云：

> 來諭於隨處體認天理，而會之以執事敬一言最親切，或疑隨處體認，恐求之於外者，殊未見此意。蓋心與事應，然後天理見焉，天理非在外也，特因事之來，隨感而應耳。故事物之來，體之者心也，心得中正則天理矣。……勿忘勿助，元只是說一個敬字，先儒未嘗發出，所以不墮於忘，則墮於助，忘助皆非心之本體也。此是聖賢心學最精密處，不容一毫人力，故先師石翁又發出自然之說，至矣。……蓋勿忘勿助之間，只是中正處也。〔註45〕

甘泉在此重申其「隨處體認天理」之說，並以之涵攝「執事敬」之義，且反駁外界以之爲「求之於外」的批評，以其體察主體在心之內，只是有待於事

〔註44〕《文集》，卷七，頁18，〈答陽明〉。
〔註45〕前引書，卷七，〈答聶文蔚侍御〉，頁28。

物之來，乃可得其天理耳。「勿忘勿助」之說，更是甘泉學中的一個重要工夫，使情識在去執消解的過程中，以至於清明中正之狀態。

嘉靖十一年（1532），錢緒山赴蘇州任教，甘泉作序別之，其中論及湛、王二家之宗旨當相互為用，乃一篇重要的文字。其云：

> 斯道也者，天之理也。天之理也者，人之心也。正人之心，體天之理，信乎斯，斯已矣。……無所安排之謂良，不由於人之謂天，故知之良者天理也。孟氏所謂愛敬之心也，知良知之為天理，則焉往而不體，故天體物而不遺，理體天而不二，故良知必用天理，天理莫非良知。不相用不足以為知，夫良知必用天理，則無空知；天理莫非良知，則無外求，不空知而外求，故曰「人之心也，天之理也，先覺覺後覺」之斯道也，盡之矣。〔註46〕

甘泉此論似是有意調和二家之說，但深究其意，則實是以「天理」義來涵攝「良知」，使「良知」攝于「知之良者」之「天理」之下，而其所謂「良知必用天理，天理莫非良知」，更是以天理來範圍良知之意。此說在與鄒東郭的通信中，亦言及：

> 問何為良知？曰所知天理。問何為天理？即下文愛敬。何等灑然，兩家之教，協一無二，可傳之無弊矣。今謂常知常覺，靈靈明明為良知，大壞陽明公之教，東郭為王門首科，豈不為慮！〔註47〕

故甘泉雖然欲使「天理」與「良知」二說，尋求一會通之處。但以「靈靈明明」為良知之義，而欲以「天理」救之，則其義仍在立「天理」做最高本體，欲以取代良知之地位，則王門諸儒恐不能心服。但在這些論辨中，亦凸顯出甘泉本身的立場主張。

除王門諸儒外，羅欽順亦與甘泉相知交，並稱許甘泉道：

> 嘗得湛元明所著書數種，觀其詞氣格力，甚類揚子雲，蓋欲成一家言爾。然元明自處甚高，自負甚大，子雲豈其所屑為哉！區區之見，多有未合，恨無由相與細講，以歸於至一。〔註48〕

由上述可知，甘泉與陽明及其同時之諸儒，關係非常密切，而其思想亦在不斷與諸儒的論辨中逐漸成熟。如與陽明辨「格物」，與聶文蔚論「隨處體認天

〔註46〕前引書，卷十七，「贈掌教錢君之姑蘇序」，頁43。
〔註47〕前引書，卷七，〈答鄒東郭司成〉，頁43。
〔註48〕前引書，卷下，頁28。

理」、「勿忘勿助之功」，與錢緒山、鄒東郭言「天理」、「良知」之互取爲用，
與羅欽順辨「理氣合一」之說，〔註49〕是論辨的議題涵蓋了本體義、工夫義
及對宇宙生成的看法等。因此甘泉與儒者們頻繁的互動，藉由多元議題的討
論，是有功於甘泉思想的深刻的。

三、甘泉著作

甘泉之著作，主要以《甘泉先生全集》爲主〈清同治五年資政堂刻本〉，
包括《聖學格物通》、《春秋正傳》、《文集》三種，而尤以《文集》收錄他各
個時期的言行思想材料，研究價值爲最大，共有三十二卷，其目次爲：

卷一、樵語

卷二、新語

卷三、雍語

卷四、知新後語

卷五、二業合一訓

卷六、大科訓規

卷七、書

卷八、新泉問辨錄

卷九、新泉問辨續錄

卷十、問疑錄

卷十一、問疑續錄

卷十二、金陵問答

卷十三、金臺問答

卷十四、書問

卷十五、書問

卷十六、古樂經傳或問

卷十七、序

卷十八、記

卷十九、章疏

卷二十、講章

〔註49〕可參本文，第三章，第三節「理氣合一說的論辨與比較」。

卷二十一、雜著

卷二十二、約言

卷二十三、語錄

卷二十四、楊子折衷說

卷二十五、非老子略

卷二十六、詩

卷二十七、續詩

卷二十八、歸去紀行略

卷二十九、嶽遊紀行略

卷三十、祭文

卷三十一、墓誌銘

卷三十二、外集

此外未入《全集》者，尚有《古本小學》、《古本大學測》、《中庸論孟訓測》、《古易經傳測》、《尚書問鑿正》、《詩經小序誦》、《二禮經傳訓測》、《古樂經傳》、《節定儀禮燕射綱目》、《遵道錄》、《湛氏家訓》、《大小宗合食訓》等，〔註 50〕但其書多散佚難尋，在《古今圖書集成・歷代經籍典》中只存其目序而已，且亦未爲《四庫全書》與《百部叢書》所收錄，不過據喬清舉的考證，《二禮經傳測》、《古樂經傳全書》尚存於北京與北大圖書館善本室中，至於其他恐怕多已散失。〔註 51〕

第三節　時代思潮的演變

一、篤實踐履的學風

朱子沒後，朱學漸受重視，宋理宗寶慶三年（1227）詔頒朱子《四書集註》於天下，於是朱學漸盛。

入元以後，門人益廣，流傳於南方者「黃勉齋榦得朱子之正統，其門人一傳至金華何北基，以遞傳于王魯齋柏、金仁山履祥、許白雲謙。又于江右

〔註 50〕參考《文集》卷三十二，洪垣撰，「墓誌銘」，頁 15。

〔註 51〕喬清舉撰，《湛若水哲學思想研究・著作考》，頁 252。

傳饒雙峰，其後遂有吳草廬澄，上接朱子之經學，可謂盛矣。」；〔註52〕流傳於北方者，則有趙復，據《元史》載：「自趙復至中原，北方學者始讀朱子之書，許衡、蕭㪚講學爲大師，皆誦法朱子者也……從學之士，聞而興起，《四書章句集註》及《近思錄》《小學》通行於海內。」，〔註53〕是可見朱學在元代的傳承與風行。

由於朱學的日受重視，朝廷遂於元皇慶二年（1313）詔令科舉考試以朱學著作爲準，〔註54〕自此朱學遂一奉而爲官學。

明繼元後而起，太祖定科舉之制，以朱子《四書集註》、《五經》命題，〔註55〕成祖永樂十三年（1415）命胡廣、楊榮等輯錄朱學著作而成《四書大全》、《性理大全》等巨著，〔註56〕於是「在上有經筵之設，在中有考試之制度，在下有書院之宣教，皆以朱子所定《四書》及其《集註》爲基礎」，〔註57〕故朱學在明初遂達於極盛而定爲一尊，誠如《明史》所言：「原夫明初諸儒，皆朱子門人之支流餘裔，師承有自，矩矱秩然。」，〔註58〕知朱學在明初可謂居於獨尊的地位。

但在朱學居於明初思想界的主流時，朱學本身亦日益僵化，或流爲士子求取功名之階、或徒爲考索註疏之義，而引起有識之士的批評，如儒者胡居仁（叔心，稱敬齋先生，1434～1484）〔註59〕便道：

> 竊疑朱子沒，其門人親炙朱子日久，尚未甚失，然訓解漸煩，實體之功少矣，再傳則流於口語，遂失其眞也，自是以後，儒者多是窮索文義以博物洽聞爲學。〔註60〕

朝廷的獨尊及朱學本身強調「格物窮理」的特色，其弊確易流於居仁所批評，徒以「窮索文義」或「博物洽聞」爲學，士子們相競以逐物，自矜於章句註解，此豈爲成德之學？難怪居仁不得不感慨道：「諸儒皆以考索爲足以明道，

〔註52〕《宋元學案》，卷八十三，頁1。

〔註53〕《元史》，卷一八九，「儒林傳序」，頁4314。

〔註54〕前引書，卷八一，「選舉一」，頁2018。

〔註55〕《明史》，卷七十，「選舉二」，頁1693。

〔註56〕前引書，卷一四七，頁4126。

〔註57〕陳榮捷，《朱學論集》，頁292。

〔註58〕《明史》，卷二八二，「儒林傳序」，頁4314。

〔註59〕以下儒生卒年代，參考麥仲貴《明清儒學家著述生卒年表》與中央圖書館編《明人傳記資料索引》。

〔註60〕《胡文敬集》，卷一，〈與羅一峰〉，頁15。

註解為足以傳道，求其操存踐履之實者蓋寡焉！」，〔註61〕因此鄙厭於考索、傳註，而重新提出「操存踐履」的德性要求，不徒然只是居仁而已，也是這段時期有志之儒的特色，而形成一股新的學風。

　　吳與弼（號康齋先生，1391～1469），「嘗嘆後儒箋註之繁，無益有害，故不輕著述，雨中被簑笠、負耕耒，與諸生並耕講學。」，〔註62〕而另一位儒者曹端（字正夫，號月川，1376～1434），黃宗羲論其學曰：「先生以力行為主，守之甚確，然非徒事於外者。」，〔註63〕與此同時，儒者薛瑄（字德溫，號敬軒，1389～1464）亦云：

　　　　工夫緊貼在身心做，不可斯須外離。〔註64〕

　　　　工夫切要在夙夜、飲食、男女、衣服、動靜、語默、應事接物之間。

〔註65〕

由以上諸儒之學行可知，明初儒者雖多持守朱學，但其為學方向卻漸由「博文」而趨向「約禮」，而表現出一股「篤實踐履」的學風，正如錢穆先生所言：

　　　　明初五經、四書大全皆元儒成業，懸為明代一代之功令，當時諸儒

　　　　不免心生鄙厭，康齋、敬齋乃皆在操存踐履上努力，而撰述之事非

　　　　所重。〔註66〕

因此明初在朱學獨尊的籠罩下，卻彌漫著一股「篤實踐履」的學風，而思想界亦正慢慢地在醞釀著另一股新的思潮。

二、理氣論的修正

（一）明初諸儒理氣論的反省

　　明初諸儒雖多持守朱學，但在篤行踐履的過程中，卻也對朱學有所反省，在理氣論方面，朱學之「理」乃一形上的所以然之理，而形下之凝聚造作乃屬「氣」。

　　　　天地之間，有理有氣。理也者，形而上之道也，生物之本也。氣也

〔註61〕前引書，卷一，〈復汪謙〉，頁9。
〔註62〕《明儒學案》，卷一，「崇仁學案一」，頁14。
〔註63〕前引書，卷四十四，「諸儒學案上二」，頁1064。
〔註64〕前引書，卷七，「河東學案上」，頁118。
〔註65〕前引書，卷七，「河東學案上」，頁115。
〔註66〕錢穆，《中國學術思想史論叢七》，「明初朱子學流衍考」，頁5。

者，形而下之器也，生物之具也。〔註67〕

朱子將世界清楚地區分爲形而上的理世界與形而下的氣世界，形上之理是爲肯定道德價值的超越性及優先性，形下之氣乃承認與解釋客觀世界的局限與不齊的原因，又由於朱子的「理」，只是一所以然之理，本身並不參與氣化，可謂是一靜態地形式之理，而實際在凝結造作者，則爲氣之流行。

> 蓋氣則能凝結造作，理卻無情意、無計度、無造作……若理，則只是個淨潔空闊底世界，無形跡，他卻不會造作；氣則能醞釀凝聚生物也。但有此氣，則理便在其中。〔註68〕

理雖屬形上，卻並非別爲一物，理即寓於氣之中，二者的關係，從存有的邏輯性來說，是「理先氣後」，即先有一所以然之理，而後乃有所當然之氣的發生。故朱子云：「未有天地之先，畢竟也只是理，有此理，便有此天地，若無此理，便亦無天地，無人無物，都無該載了。」，〔註69〕因此朱子雖然畫分世界爲「理」、「氣」二層次，並且特別地強調「理」的主宰性與優先性，使理與氣之間，有著先後、主從與形上、形下的區別，但二者又非完全無關，因在現實中，二者又是渾然一物，不即不離的關係。

> 所謂理與氣，此決是二物。但在物上看，則二物渾渾，不可分開各在一處。然不害二物之各爲一物也。若在理上看，則雖未有物，而已有物之理，然亦但有其理而已，未嘗實有其物也。〔註70〕

故有所以然之理，方有存在之氣，但「理」又不可離「氣」而獨自存在，理必在氣之中，是爲一物，故曰「不離」。而理絕是理、氣絕是氣，二者絕然有別而不可混，故曰「不即」，以上乃略述朱子之理氣論。

至於明初，諸儒則開始對朱學的理氣論進行了反省。曹端，首先對朱學詮釋「太極」，只是一所以然之理，本身卻不會凝聚造作而爲「死理」，提出修正。

> 周子謂太極動而生陽、靜而生陰，則陰陽之生，由乎太極之動靜，而朱子之解極明備矣。……《語錄》卻謂：「太極不自會動靜，乘陰陽之動靜而動靜耳。」遂謂「理之乘氣，猶人之乘馬，馬之一出一

〔註67〕《朱文公文集》，卷五八，〈答黃道夫〉，頁16。
〔註68〕《朱子語類》，卷一，頁3。
〔註69〕前引書，卷一，頁1。
〔註70〕《朱子文集》，卷四六，〈答劉叔文〉，頁19。

入，而人亦與之一出一入。」，以喻氣之一動一靜，而理亦與之一動

一靜。若然，則人爲死人……理爲死理。〔註71〕

蓋曹端以爲濂溪《太極圖說》「太極動而生陽、靜而生陰」中，太極自能動靜而生陰陽，而朱子註解之義亦如此，故言「極明備矣」。但有疑義者在《語錄》，《語錄》中明言「太極不自會動靜，乘陰陽之動靜而動靜。」，爲了解決這樣的矛盾，曹端遂質疑《語錄》的正確性，而言「至於《語錄》，或出講究未定之前、或出應答倉卒之際，百得之中不無一失，非朱子之成書。」，〔註72〕因爲若依《語錄》所言之「理」，只是一隨氣之動靜而動靜之「死理」，只是一隨馬之出入而出入之「死人」，則何足貴？故《語錄》所述當只是一時之討論應答之言，不足爲信。而應以註解爲是，即「理」自能動靜、主宰氣之流行，如此方是「活理」。

近人牟宗三先生於其間義理之析辨甚詳，〔註73〕牟先生以爲曹端以「活理」理解濂溪之「太極」本體是正確的，蓋濂溪由《中庸》之「誠體」以釋太極，以「誠」作爲宇宙生生的最高本體、爲太極之價值內涵，自能生化創造萬物，而不只是一形式地所以然之理而已，故名之爲「活理」亦可。

但曹端對朱子「理」的理解，卻是不確的，朱子的註解與《語錄》對「理」的論述並無矛盾，且甚是一貫，即朱子之「理」本身確實不自會動靜，動靜者乃是氣、理只是一形上地所以然之理而已，濂溪與朱子二家對太極的詮釋是有別的，而曹端以爲朱子乃同於濂溪，是誤解了朱子。

雖然如此，但曹端以「活理」來詮釋太極之理，而稍後的薛瑄亦認同此說，其曰「使太極無動靜，則爲枯寂無用之物」，〔註74〕可謂亦主張太極當爲能動者，在此已透露出明初諸儒理氣論微妙的變化。

或言「未有天地之先，畢竟先有此理，有此理便有此氣」。竊謂理氣

不可分先後。蓋未有天地之先，天地之形雖未成，而所以爲天地之

氣則渾渾乎未嘗間斷止息，而理涵乎氣之中也。……理氣二者，蓋

無須臾之相離也，又安可分孰先孰後哉！〔註75〕

朱子《語類》云：「未有天地之先，畢竟也只是理，有此理，便有此天地，若

〔註71〕《曹月川集》，「辨戾序」，頁 27。

〔註72〕前引書，「太極圖說述解序」，頁 26。

〔註73〕《心體與性體一》，頁 388。

〔註74〕《讀書錄》，卷九，頁 1252。

〔註75〕前引書，卷三，頁 1074。

無此理，便亦無天地。」，〔註76〕以肯定「理」在天地〈氣〉存在之前的優先性。薛瑄不能認同此說，他以爲就算天地未生，也不是空無一物，唯存一形式之理，當仍有一所以生天生地的「渾然之氣」的存在，而「理」即涵於其中，二者是同時俱生、渾然一體。

> 氣載理、理乘氣，二者渾渾乎，無毫忽之間也。〔註77〕

> 天地萬物渾是一團理氣。〔註78〕

河東之學，宗羲稱其「悃愊無華，恪守宋人矩矱」，〔註79〕以其篤守朱學規模也。但薛瑄的理氣觀中，可以發現其中仍有些微的差異，即朱學理氣論中特別強調「理」的優先性與規範性，強調在萬有不齊的氣化世界中，去凸顯那「淨潔空闊」的「理」。

但在薛瑄的理氣觀中，雖然仍篤守朱學以形上之理爲主，以形下之氣爲從的主張，卻另外吸收一在天地之先，與本體之理渾然一體的「渾然之氣」的看法，而更強調其二者的一體性。似乎是把朱學以往所凸顯的「理」，把它落實在氣化世界中看，所以薛瑄的理氣觀絕不是「淨潔空闊」的，而是一團生氣盎然的世界。這恐怕是薛瑄無法同意理不自會動靜，而只是一所以然之理，也無法認同理在氣先，離氣獨存的原因。

明初諸儒將工夫落實於踐履之中後，對朱學形上之理的探討逐漸減弱，轉而注重於形下氣化世界的變化，這樣的傾向在曹端、薛瑄時已見端倪，至於明中則更爲明顯。

（二）明中諸儒理氣論的修正

1、對「理先氣後」說的修正

明中的理氣觀較明初更強調「氣」的重要性，不僅延續曹、薛二家之說，且有更進一步的發展。其中湛甘泉（字元明，1466～1560）羅欽順（字允升，1465～1547）王廷相（字子衡，1474～1544）及吳廷翰（字嵩伯，號蘇原，1491～1559）等的成就較大。甘泉云：

> 問曰：「理之流行氣也。」答云：「此句便倒說、糊塗說了。」〔註80〕

〔註76〕《朱子語類》，卷一，頁1。
〔註77〕《讀書錄》，卷三，頁35。
〔註78〕前引書，卷三，頁11。
〔註79〕《明儒學案》，卷七，「河東學案序」，頁109。
〔註80〕《文集》，卷七，頁57。

> 舍氣何處尋得道來？故曰：「乾坤毀則無以見易」，蓋氣與道為體者
> 也。〔註81〕

朱學強調「理」的主導性，故主張「氣」當依循「理」之規範而流行。甘泉則從氣化流行的實然處出發，主張應「倒說」，即「氣之流行理也」，即應當由氣化之流行處視理，「理」不能脫離於實然之氣而論。理氣是為一體，這種在實然之氣的基礎上論「理」的看法，亦反映在欽順之說中。

> 理須就氣上認取，然認氣為理便不是，此處間不容髮。〔註82〕

「理須就氣上認取」，正是欽順與甘泉共同的看法，即必須從氣之流行處視理，理不得離氣而論，理即寓於氣之中。但欽順亦強調此與「認氣為理」不同，「認氣為理」是凡氣之流行皆為理，而無視於「理」本身的道德性與超越性，此乃欽順暗斥禪學無別於理氣，不知在氣中識其「實理」之言。

廷相則在薛瑄「渾然一氣」的基礎上，進一步提出「元氣」說的主張。

> 天地之先，元氣而已矣。元氣之上無物，故元氣為道之本。〔註83〕

> 元氣具，則造化人物之道理即此而在，故元氣之上無物、無道、無
> 理。〔註84〕

「元氣」說的提出，可謂是明中理氣思想一個重大的發展，雖然它是在反對朱學「理先氣後」的基礎上發展而成，但是它的提出卻彌補了朱學理氣論的部分缺陷。即朱學「理先氣後」說，雖然可以解釋形下氣化世界的變化規律，是來自於一形上世界的最高理源，卻無法圓滿解釋在未有天地之先，形下實然之氣又何所從出的疑問？「元氣」說便能夠對此作出合理的解釋，即未有天地之初，便有一渾然之「元氣」，此「元氣」與生化之理源一起俱生，天理〈天道〉即蘊於其中，二者渾然一體。如此既能解釋形下氣化之理的成因，又能合理解決形下實然之氣的根源處，因此「元氣」說對朱學理氣論的修正是具有其重要貢獻的。

2、對「所以然之理」的修正

明中諸儒不僅對朱學「理先氣後」說作了修正，並且也對朱子「理」的內涵作了調整，各家皆有其不同的定義與特色。甘泉對於「理」的內涵的規定是：

〔註81〕原書缺漏
〔註82〕《困知記》，卷下，頁 14。
〔註83〕《明儒學案》，卷五十，「諸儒學案中四」，頁 1174。
〔註84〕前引書，卷五十，頁 1174。

> 陰陽剛柔，器也，得其中正焉，道也。器譬則氣也，道譬則性也，
> 氣得其中正焉，理也，性也。〔註85〕

甘泉以「中正」來定義「理」，而不取朱學「氣之所以然」義，「中正」乃一價值義，其主張在氣化之中得其「中正」之價值者，即是理、即是性，此對當時朱學的理氣主張是一很大的修正，關於甘泉理氣論的主張，將詳述於第三章「理氣論」中。而與甘泉同時的欽順，則又有其不同的看法：

> 理果何物也哉？……爲四時之溫涼寒暑、爲萬物之生長收藏、爲斯
> 民之日用彝倫、爲人事之成敗得失、千條萬緒，紛紜轇轕，而卒不
> 可亂，有莫知其所以然而然，是即所謂理也。〔註86〕

欽順由氣之紛紜萬變，卻能卒不可亂中認取理，故「理」可謂是指氣化之規律性與秩序性，所謂「理即是氣之理，當於氣之轉折處觀之」，〔註87〕因此欽順對「理」的看法雖較近於朱學，但顯然更落實於氣化中講。

廷相則由重新詮釋「理一分殊」說，說明其「理」之內涵：

> 天地之間，一氣生生，而常而變，萬有不齊，故氣一則理一，氣萬
> 則理萬。世儒專言理一而遺理萬，偏矣，天有天之理、地有地之理、
> 人有人之理……統而言之，皆氣之化，大德敦厚，本始一源也；分
> 而言之，氣有百昌，小德川流，各正性命也。〔註88〕

朱學「理一分殊」之說，是以「所以然之理」來解釋萬物之理與其超越的統體之理的關係。即萬物之「分殊之理」，雖具其不同之內涵，但其皆得統攝于一最高之所以然的「理一」，此乃強調「所以然之理」的普遍性與超越性。廷相則站在元氣生生的立場上，主張渾然元氣有一渾然之理，氣化之分殊亦有其分殊之理，二者不可偏廢，當重視氣化之分殊，並以之會歸於元氣之生生，可謂是廷相由「元氣」說，所賦予「理一分殊」的新內涵。

吳廷翰則云：

> 何謂道？「一陰一陽之謂道」。何謂氣？「一陰一陽之謂氣」。然則
> 陰陽何物乎？曰氣。然則何以謂道？曰：氣即道，道即氣。天地之
> 初，一氣而已矣，非有所謂道者，別爲一物，以並出乎其間也。陰

〔註85〕《文集》，卷一，頁1。
〔註86〕《困知記》，卷上，頁7。
〔註87〕《困知記》，「續篇」，頁40。
〔註88〕《王廷相集》，「雅述上」，頁848。

> 陽既分，兩儀、四象、五行、四時、萬化、萬事皆由此出，故謂之
>
> 道。道者，以此氣之爲天地人物所由以出而言也，非有二也。〔註89〕

廷翰亦反對朱子「道氣爲二」之說，而逕言「氣即道，道即氣」，即由氣之陰
陽、四象、五行之變化條理中，見其生生之道。故氣是生生之本體，而道則
是氣本體生生化育所由之理，在此言道氣是一，非有二也。〔註90〕

　　由明初至於明中，諸儒對朱學理氣論的修正，可看出是持續在發展的，
明初儒者雖多持守朱學矩矱，但曹端、薛瑄已啓其端倪，惜乎他們並沒有就
問題再進一步突破，直至明中才有重大的發展。甘泉、欽順、廷相及廷翰諸
儒繼起，不僅在「理先氣後」的看法上，轉而爲「以氣爲本」，且在理的內涵
上也有所新義，呈現百家爭鳴的盛況。

三、心性論的轉變

（一）明初諸儒的心學氣象

　　朱子的心性論是對應其理氣論的，即「理」賦予人物之中而爲「性」，而
氣之虛靈知覺則屬「心」。心是一身之主宰且具認知性理之能力，性雖具有人
心之中，但只是理，本身不發用，而爲心所當遵循之準則。心有所感而發於
外曰「情」，若循理而發稱之爲善，出於形氣之私則爲不善。故朱子心性論乃
爲心、性、情三分之格局，而就發動處而言，名之曰「心統性情」。

> 性是體，情是用，性性皆出於心，故心能統之，統如統兵之統，言
>
> 有以主之也。〔註91〕

「心統性情」並非以心來統領性情二者之意，而是由心去含攝性理，而後發
動爲眞情之意。因爲性是形上之理，本身不能直接發用爲情，而心又只是形
下氣之靈，故心不是性，但心卻有認知性的能力，是以心經由認知的過程方
可以上契性理，而後循性而發爲情，乃無不善。

　　但心要如何認知性？朱子以爲在「格物」，藉由窮究事物之理的過程，使
具於吾心內在之性理逐漸顯露，終使心與性合。

> 使學者即凡天下之物，莫不因其已知之理而益窮之，以求至乎其極，

〔註89〕〔明〕吳廷翰著，《吳廷翰集》，容肇祖點校，頁5。
〔註90〕可參看王俊彥撰，〈吳廷翰「以氣即理以性即氣」的思想〉，《華岡文科學報》
　　　　第二十一期，頁61。
〔註91〕《朱子語類》，卷九十八，頁2513。

> 至於用力之久，而一旦豁然貫通焉，則眾物之表裏精粗無不到，而
> 吾心之全體大用無不明矣。〔註92〕

窮究眾物之表裏精粗以識其所以然之理，其目的在使吾心之全體大用復明，即透過認知客觀事理，以求更進一步認識性理。因此心之得上契性理，就必要格物致知。而其不徒然只是對客觀世界的認知，其認知的目的，乃是在於能夠認識性理，並依循道德性理而行。

以上略述朱子心性論主張，明初學風雖多沿襲朱學，但在篤行踐履的新風尚下，諸儒在體驗身心的工夫中，不自覺地時有流露出「心學」的氣象，可以說這是明中陽明心學興起前的蘊釀期。

如曹端便曾云：「學到不怨不尤處，胸中多少灑落明瑩，真如光風霽月，無一點私累。」，〔註93〕曹端並未完全做到朱學所主張，窮究事物之理至於表裏精粗無不到的地步，但他在體貼身心的工夫下，仍能感受到心體之灑落明瑩、無私無累之境。這樣的體驗，同樣發生在薛瑄身上。

> 湖南靖州讀《論語》，坐久假寐，既覺，神氣清甚，心體浩然，若天
> 地之廣大，蓋欲少則氣定，心清理明，其妙難以語人。〔註94〕

薛瑄晚年留詩「七十六年無一事，此心始覺性天通」，〔註95〕可見薛瑄踐履之深，故時能體會心體之浩然廣大，與萬物一體之氣象，惜乎薛瑄並未在理論上作進一步的探討。另一位篤行之醇儒吳與弼，在樸實平淡中亦得見其心學之氣象。

> 中堂讀倦，遊後園歸，絲桐三弄，心地悠然，日明風靜，天壤之間，
> 不知復有何樂。〔註96〕

> 閒臥新齋，西日明窗，意思好，道德平鋪在，著些意不得。〔註97〕

劉宗周（字起東，號念臺，1578～1645），稱吳與弼之學「刻苦奮勵，多從五更枕上，汗流淚下得來」，〔註98〕故吳與弼可謂是一躬行之醇儒。在躬行之中，亦時流露出與萬物為一體的情懷，但吳與弼也未在理論上多作探討，《日錄》一書唯記其日用常行，在平實澹泊中見其輝光。

〔註92〕朱熹，《四書章句‧大學集註》，第六章，頁 5。
〔註93〕《明儒學案》，卷四十四，頁 1067。
〔註94〕前引書，卷七，「河東學案一」，頁 113。
〔註95〕前引書，卷七，頁 110。
〔註96〕前引書，卷一，「崇仁學案一」，頁 24。
〔註97〕同註97。
〔註98〕前引書，「師說」，頁 1。

　　雖然曹端、薛瑄及吳與弼等明初儒者，在其學行中都時有流露出心學的氣象，但多是不自覺的，他們本身仍多沿襲朱學而少有創新，也沒有更進一步去省思，何以沒有事事窮理，卻也能有萬物一體的心體呈現？也沒有去探究格物與心體呈露是否有著必然性？所以說他們是不自覺的，一時的靈光乍現而已。

（二）白沙的心學先驅

　　關於格物窮理與心體呈露，是否有其必然性？第一次自覺地提出疑問的，是陳白沙（字公甫，1428～1500），其自述爲學云：

> 僕年二十七，始發憤從吳聘君〈與弼〉學，其於古聖賢垂訓之書，蓋無所不講，然未知入處。比歸白沙，杜門不出，專求所以用力之方，……而卒未得焉，所謂未得，謂吾此心與此理未有湊泊吻合處也。〔註99〕

白沙從學於與弼，而由朱學格物致知的爲學途徑入手，所謂「聖賢垂訓之書，蓋無所不講」也，但是白沙的生命並沒有在聖賢經訓中得到安頓。他辭別與弼，返家杜門不出，再苦讀聖賢遺書，卻仍無所進益。但是這次他找出了原因，是因爲吾人之心與客觀之性無法相契的緣故。

　　朱學的理論主張心惟有透過格物窮理的認識作用去致知，才有機會上契最高之性理而轉化氣質，但白沙依循著朱學的道路，經年地鑽研於聖賢經典，不可謂對性理無所認識，但心與理卻仍是未能湊泊吻合，心仍無法在客觀的所以然之理上得到安頓，於是白沙不免對朱學的爲學途徑提出質疑，而走上另一條使心靈呈露的道路。

> 於是舍彼之繁，求吾之約，惟在靜坐。久之，然後見吾心之體隱然呈露，常若有物，日用間種種應酬，隨吾所欲，如馬之御銜勒也。體認物理，稽諸聖訓，各有頭緒來歷，如水之有源委也。於是渙然自信曰：「作聖之功，其在茲乎！」〔註100〕

白沙循朱學之途徑而無所得，便另闢一徑而歸於「靜坐」，藉著「靜坐」以放下一切情識之累後，終使心體渙然呈現，所謂「隱然呈露，常若有物」，以之體認事物之理，無不調適而如理。至此白沙之心終與理合，即藉由「靜坐」的方式，終於把握住吾心德性之本體，遂乃自信自立而謂有得。

〔註99〕《陳白沙集》，卷二，頁26。
〔註100〕同註99。

在朱學的主張中，人心只是虛靈知覺的「氣之精靈」，是不可以之爲價值的本體的，價值的本體在「性理」，而惟有透過心的認知作用去格物窮理，才有機會上契性理而循之爲善。但白沙卻另闢一蹊徑，即是「靜坐」，即德性心之主體是不必然一定要經由學問的積累方可契及的，白沙本身即由靜坐而把握住本體，於是其慨然云道：

> 學有由積累而至者，有不由積累而至者；有可以言傳者，有不可以言傳者，……大抵由積累而至者，可以言傳也；不由積累而至者，不可以言傳也。〔註101〕

白沙這樣的宣示無疑是具有劃時代的意義，他明白表示朱學是由積累而至者，但卻不是可以達到天道本體的途徑，天道的內涵是不由積累而至、是不可以言傳的，因此從這一點上說，白沙是明站在此處立言。

（三）陽明心學的建立

1、「心即理」的提出

黃宗羲《明儒學案》中，論陽明之爲學歷程，乃經三變而後得其門。

> 先生〈陽明〉之學始汎濫於詞章，繼而遍讀考亭之書，循序格物，顧物理吾心終判爲二，無所得入。於是出入於佛老者久之，及至居夷處困，動心忍性，因念聖人處此更有何道？忽悟格物致知之旨，聖人之道，吾性自足，不假外求，其學凡三變而始得其門。〔註102〕

陽明之爲學經歷，較白沙又更爲曲折，所謂「三變」者，乃指由詞章之制文，一變而志於聖賢之學，此時主要以程朱之義理爲主。但和白沙相同的，即陽明亦無法由程朱「格物致知」之學中，得到生命的安頓，所謂「物理與吾心終判爲二」。於是陽明再由程朱，二變爲佛老空寂養生之學，但陽明在此中仍感有所不足。最後因忤權宦劉瑾，貶謫貴州龍場，在九死一生下，始大悟格物致知之旨，即在吾心之良知處，不假外求，至此乃由佛老三變而爲良知之學。

由白沙與陽明的爲學歷程中，可以看出二人有其共同之處，即皆始由朱學的背景入手，循朱學格物致知以窮理，卻皆面臨到無法突破的瓶頸，即心與理爲二的問題，而二人之學也皆是在對此問題的突破上建立起來。因此可以說明代心學的興起，是在朱學析心與理爲二的困境上而生，只是白沙並沒

〔註101〕《陳白沙集》，卷三，頁11。
〔註102〕前引書，卷十，「姚江學案一」，頁181。

有明確的點出心體的內涵，而陽明則正式的宣告「心即理」。

> 朱子所謂格物云者，在即物而窮其理也，即物窮理是就事事物物上求
> 其所謂定理者也。是以吾心而求理於事事物物之中，析心與理而爲二
> 矣。……吾心之良知，即所謂天理也，致吾心良知之天理於事事物物，
> 則事事物物皆得其理矣。……是合心與理而爲一者也。〔註103〕

朱學「即物窮理」之說，主張窮究至「物之表裏精粗無不到」，方能使「吾心
之全體大用無不明」的看法，陽明批評其爲「是以吾心而求理於事事物物之
中，析心與理而爲二」。蓋朱學的主張是很好的認知事理的方法，但卻非道德
的本質，雖然其所認知的是道德的性理，但道德的本質應據於心體之自覺自
律處，而非僅止於儀節禮文的探討，故陽明云：「若只是那些儀節求得是當，
便謂至善。即如今扮戲子，扮得許多溫清奉養的儀節是當，交可謂之至善
矣。」〔註104〕此切中朱學之病。因此朱學的流弊，便在其析心與理爲二，務
爲事理之講求，而失落了道德本心。

陽明承此弊而發，明確的點出道德的本體之所在「良知」，並申言「理」
不在於事事物物之中，「理」即在吾心之良知處，所謂「良知只是一個天理明
覺發見處……便是他本體。」〔註105〕故當先立其良知主體，以良知爲主導而
推之於萬事萬物，則事事物物便在良知之感通潤澤下而得其理，無不爲道德
的實現，在此陽明遂立其心學的宗旨「致良知」。

2、「致良知」

陽明主張「良知」本體的復立，不在於學問思辨的積累，只在於一念善
惡之自覺，覺於善，固是致其良知；去其不善，亦能使良知復明，亦是致良
知，可謂簡易直捷，使人奮然自立。

> 一點良知是爾自家的準則，爾意念著處，他是便知是，非便知非，
> 更瞞他一些不得。爾只不要欺他，實實落落依著他做去，善便存、
> 惡便去，何等穩當，此便是致知的實功。〔註106〕

致良知的實功，不在於格物窮理，蓋良知「只是一個眞誠惻坦」，〔註107〕
其來自於心體眞誠無欺的感通，所謂「是便知是、非便知非」。良知主體能

〔註103〕《傳習錄中》，頁38。
〔註104〕《傳習錄》，卷上，頁6。
〔註105〕前引書，卷中，頁109。
〔註106〕《傳習錄》，卷下，頁119。
〔註107〕前引書，卷中，頁109。

自作主宰、自作判斷，唯在吾人一念眞誠之自覺，其工夫便在此意念之爲善去惡上。

因此陽明「致良知」的提出，代表明代「心學」的正式成立，其可謂完全脫離朱學的影響，並取而代之而成爲一股新的時代思潮。

四、兩股思潮的激盪

（一）諸儒對陽明的批評

由明代中期對朱學理氣論的修正，可見到有一股主張以氣爲本的思潮，強調客觀之理的重要，而對朱學心性論的修正裏，則主要以陽明心學的建立最受人矚目，而這兩股思潮並非獨立發展，其間是相互影響衝擊的。

首先，甘泉便站在當以認知心體察萬物的立場，批評陽明徒守腔子裏以爲心。

> 陽明與吾看心不同，吾之所謂心者，體萬物而不遺者也，陽明之所
> 謂心者，指腔子裏而爲言者也。〔註108〕

蓋甘泉論心由經驗層之認知心始，故主張要體察萬物曲折之理，方能進一步合一於天理。而陽明之所謂心，則直就屬德性層之良知本體言，故二者看心之契入點確實不同。甘泉雖覺其心與陽明異，但亦非眞契于陽明之說者，即甘泉所言陽明以腔子裏以爲心者，是以心之知覺看待良知之義的批評。

> 知覺之理乃是心之本體，而謂本體是天理，本自知覺，則凡有知覺
> 運動之泰然者，皆天理與？是自隨於即心見性之弊，而不自知也。
> 故良知之說最爲難信者此也。〔註109〕

甘泉所強調的仍是那具客觀性之天理義的重要，因此不能認同於陽明以良知爲主體之說，以其所謂「心」，只是一形氣之知覺而已，故不足以爲道德之本體。而陽明竟以心之良知爲本體，故甘泉以「禪學」目之。

欽順則站在「理一分殊」的立場，主張必先究於「分殊」之中，方得見其「理一」，此理貫於心物之內外之間，故反對偏內偏外之說。

> 所貴乎格物者，正欲即其分之殊，而有見乎理之一，無彼無此、無
> 欠無餘，而實有所統會，夫然後謂之知至。……外此，或誇多而侈
> 靡，則溺於外而遺其內；或厭繁而喜徑，則局於內而遺其外，溺於

〔註108〕《文集》，卷七，頁24。
〔註109〕前引書，卷八，頁21。

外而遺其內，俗學是已；局於內而遺其外，禪學是已。〔註110〕

「溺於外而遺其內」，正反映明中之儒者對朱學流弊的反省，「局於內而遺其外」，則是對於陽明心學的疑慮，因此欽順主張要「即其分之殊，而有見乎理之一」，即主張工夫入手處，仍當在於分殊之理上，但又不可流於逐物，最後須當統會於理一處。故欽順亦是不能認同陽明所謂「正念頭」的致知功夫，而同甘泉一樣，是以「禪學」來看待陽明之說。

至於廷相，則站在興道致治的立場，反對心性之空談。

　　近世好高迂腐之儒，不知國家養賢育才將以輔治，乃倡為講求良知、
　　體認天理之說，使後生小子，澄心白坐、聚首虛談，終歲囂囂於心性
　　之玄幽，求之興道致治之術，達權應變之機，則闇然而不知。〔註111〕

廷相可說是以功利的角度，批評良知、天理之空疏無用，而主張當講求關乎國計民生的「興道致治之術、達權應變之機」，這和其重視實然之氣的態度可說是一致的。

上述諸儒各自之主張雖然不盡相同，但他們對心學的反對幾乎是一致的。主要原因是他們都看重實然之氣的存在，重視在實然之氣上尋求一客觀之理的觀點，因此不能認同陽明直從良知處見本體的主張。故譏陽明是認知覺為性、是禪學、是虛談，即並未因陽明心學的日益盛行，而受其影響，反而更堅定其主張，並對陽明提出嚴厲的批評。

（二）陽明的回應

陽明面對諸儒之批評，亦有所回應。陽明與甘泉便曾對「格物」之說發生論辨。

　　先生〈陽明〉與甘泉先生論「格物」之說，甘泉持舊說。先生曰：「是
　　求之於外了。」甘泉曰：「若以格物理為外，是自小其心也。」〔註112〕

關於「格物」，就所謂「物」之義，陽明是由良知之流行發用處言，即落在心之感通於物，而生意念之為善去惡上。故曰：「是去其心之不正，以全其本體之正」，〔註113〕可說是將「格物」收攝在「致良知」的功夫內，這是陽明對「格物」說的新義。因此陽明「格物」說的窮究事物本身曲折之理，並沒有必然

〔註110〕《困知記・附錄》，〈與陽明書〉，頁1。
〔註111〕《雅述》上，頁857。
〔註112〕《傳習錄下》一，頁115。
〔註113〕前引書，卷上七，頁9。

的關係，「物」只是自覺與實現良知本體的條件。這和上述諸儒們必經由事理以至性理的主張很不相同，因此陽明批評甘泉之說是「求之於外了」。

同樣的，陽明與欽順亦有所論辨，正如上述，欲順以陽明乃「局於內而遺其外」，是爲禪學。陽明則辨其說非是。

> 凡執事所以致疑於「格物」之說者，必謂其是內而非外也，必謂其專事於反觀內省之爲，而遺棄其講習討論之功也，……必謂其沉溺於枯槁虛寂之偏，而不盡於物理人事之變也，……凡某之所謂「格物」，其於朱子九條之說，皆包羅統括於其中，但爲之有要，作用不同，正所謂毫釐之差耳。〔註114〕

陽明亦深知諸儒所指陳之說，故強調「理無內外、性無內外，故學無內外。講習討論未嘗非內也，反觀內省未嘗遺外也。」，〔註115〕即陽明並非不重講習討論之功，而偏於枯寂之反觀內省，只是有所重。如其言是「爲之有要」，此「要」即是良知本體之自覺自反，立其良知，即不必待於反觀內省而始得，亦不妨於講習討論，故言要明此中的「毫釐之差」。

由諸儒與陽明的相互批評中，可以看出明代中期兩股思潮相互的衝擊，歸根究底，可以說其癥結，是在於對本體的不同看法所致。陽明主張「心即理」和諸儒主張「由氣中論理」的歧異，故有逐於外與局於內之爭議。

第四節　甘泉學的背景與定位

明初至明中理學思潮的發展，本章主要由兩條脈絡來觀察。在明初之時由於朱學的獨尊地位，同時也使得朱學逐漸淪爲只是士子們獵取功名的工具，是以遭致有志之儒者的鄙厭，不再勤於著述，轉而務於躬行，使得明初瀰漫著一股篤實踐履的學風。

在這股學風之下，也醞釀著一股新的思潮誕生。這股新思潮，可謂是從對朱學的修正開始，分作兩道脈絡來看：一是從理氣論方面、一是從心性論方面。

首先從理氣論上看，明初儒者如曹端、薛瑄等已提出「太極自會動靜」及「理氣不可分先後」等看法。但在理論上進一步突破，是在明代中期甘泉、

〔註114〕前引書，卷中，頁102。
〔註115〕同註103。

欽順及廷相等諸儒繼起，不僅修正朱子「理先氣後」、「理不自會動靜」等主張，而易之「以氣爲本」，並重新再賦予「理」新的內涵，至於廷相「元氣」說的提出，更是明中理氣諸論的傑出成就，它也補充了朱學理氣論架構中的缺陷，而有其重要的價值，可以說這是一股重視實然之氣、客觀之理的思潮。

其次，在心性論方面，明初的儒者們如薛瑄、與弼等，在踐履中有時亦能表現出心學的氣象，但其中的先驅是白沙。白沙在多年循朱學格物窮理而無所得下，嘆曰：「是此心與此理未能湊泊吻合也」，故放下一切情識，最後在「靜坐」中把握住心體。只是白沙之學多自得之語，直至於陽明才正式點出此本體即是良知，「心即理」，吾性本自足、不假外求，而「致良知」的提出，更代表陽明正式脫離朱學的影響，建立「心學」的宗旨。

上述這兩股思潮並非獨立發展，而是相互激盪的，重視實然之氣的甘泉、欽順與廷相諸儒，皆對陽明之說展開了嚴厲的批評，主要的理由是陽明徒守於心、以知覺爲性，乃是禪學之流。陽明亦有所反擊，批評其說爲持舊說、逐於外，兩方遂相爭不決。

以上略述明初至於明中的理學發展背景，主要的觀察角度，是由兩道脈絡的演變爲主，一是理氣論的修正；一是心性論的轉變，而甘泉正生當其中，其學深受兩股思潮的影響。如在理氣論上，乃是以「理氣合一」的趨勢前進，而甘泉在此議題上，便有其獨特的主張。至於在心性論上，則是以「心性合一」爲大勢之所趨，而甘泉的心性論亦表現出同樣的宗旨。故對上述時代思潮發展的認識，是有助於我們能更了解甘泉學產生的思潮背景與時代特色。

第三章　理氣論

　　從明初至明中，由對朱學理氣論的修正軌跡中，可以看出有一逐步落實於實然之氣以論理的趨勢，而甘泉可謂是這股思潮的先驅。他既非以一至善的所以然之理作爲天道本體，也非以吾人之本心作道德之根據，而是以一無處不存在的「氣」，作爲生化流行之基礎，而爲天道本體的依據，復以此「氣」之實有以批判佛老之虛無，且因人與天地萬物同此一氣，而得相互感通，更在此基礎上進而言人與萬物一體。

第一節　渾然宇宙一氣

一、氣化流行、與道爲體

　　甘泉云：「宇宙間只是一氣充塞流行，與道爲體」，〔註1〕又云：「舍氣何處尋得道來？……蓋氣與道爲體者也。」，〔註2〕可以說甘泉是受了張載「太虛即氣」〔註3〕觀念的影響，以宇宙乃始於一渾然之氣，此渾然之氣乃與天道本體並生，而爲流行生化之實體，其本身則有虛實有無之變化。

　　　　虛無即氣也，如人之噓氣也，乃見實有。故知氣即虛也，其在天地
　　　　萬物之生也，人身骨肉毛血之形也，皆氣之質，而其氣即虛無也。
　　　　是故知氣之虛實、有無之體，則於道也思過半也。〔註4〕

〔註1〕《文集》，卷七，頁3。
〔註2〕前引書，卷八，頁8。
〔註3〕《張子全書・正蒙》，〈太和篇〉，卷二，頁5。
〔註4〕《文集》，卷二，頁7。

張載言「太虛無形，氣之本體」，〔註5〕即以氣之本然狀態爲一「虛體」，雖無形質之可見，卻無處不充塞，故是「實有」。此氣之虛實、有無之變化，則生成天地萬物與人身骨肉，此亦張載所謂「其聚其散，變化之客形」〔註6〕之說。而甘泉在此論點上更進一步演繹出萬物生成終始的演化秩序。

> 天地之初也至虛，虛，無有也。無則微、微化則著、著化則形、形化則實、實化則大，故水爲先、火次之、金次之、土次之。天地之終也至塞，塞者有也，有則大、大變而實、實變而形、形變而著、著變而微，故土爲先，金次之、木次之、火次之、水次之，微則無矣，而有生焉。有無相生，其天地之終始乎！〔註7〕

張載曾云：「太虛不能無氣，氣不能不聚而爲萬物，萬物不能不散而爲太虛，循是出入，是皆不得已而然也。」，〔註8〕這是對萬物生成演化的解釋。甘泉則在此基礎上，又吸收了道家「有生於無」及五行終始之說，而豐富了天地萬物氣化生生的過程，其中變化的關鍵便是「氣」。甘泉云：「自一物觀，何詎而不爲聚散；自太虛觀，何處而求聚散。」，〔註9〕因此形下之氣之或聚或散，是變動不居的，而形上氣之本體「太虛」，則在氣化流行中復顯其永恆的超越性而不移，因此說甘泉是承繼張載的說法，只是更進一步豐富其內涵而已。

二、由氣之實有反對佛老

由氣之實有以反對佛老，此說亦見於張載之《正蒙》篇。

> 天地之氣，雖聚散攻取百途，……聖人盡道其間，兼體而不累者，存神至矣。彼語寂滅者，往而不反，徇生執有者，物而不化，二者雖有間矣，以言乎失道，則均焉。〔註10〕

蓋張載言氣之聚而有形、散而無形，其變萬殊，而此聚散百途之中，有「兼體不累之神存焉」。此「兼體不累之神」，即〈乾稱〉篇所謂「體不偏滯，乃可謂無方無體。偏滯於陰陽、晝夜者，物也；若道，則兼體而無累也。」，〔註11〕

〔註 5〕《張子全書・正蒙》，〈太和篇〉，卷二，頁 3。
〔註 6〕同註 5。
〔註 7〕《文集》，卷二，頁 6。
〔註 8〕同註 5。
〔註 9〕《文集》，卷三，頁 5。
〔註 10〕同註 5。
〔註 11〕前引書，〈乾稱篇〉，卷三，頁 44。

即天道實體是不偏於氣之聚散，而能普遍具存於其間的，故又云：「聚亦吾體、散亦吾體」〔註12〕即是此義。

張載更站在此「兼體不累」之天道實體處，批判佛老。蓋佛家所謂「寂滅」、所謂「以山河大地爲見病」者，是只見其氣之散而不知其聚；道家之言養生者，則是徒漸見其氣之聚而不知其化，二家之說雖不同，但其言之偏滯，卻是一致。蓋不見「兼體不累」之道也。

甘泉則云：

> 上下四方之宇，古往今來之宙，宇宙間只是一氣充塞流行，與道爲體，何莫非有，何空之云，雖天地弊壞，人物消盡，而此氣此道亦未嘗亡，則未嘗空也。道也者，先天地而無始，後天地而無終者也。
〔註13〕

甘泉亦是站在氣之實有，與天道超越之本體處，來反對佛老之說。蓋天道之生生不息，即氣之聚散流行不已，雖萬物有所消盡、天地亦得弊壞，但氣之方聚方散而不滅，此道亦與之並生共存而不亡，是故絕非佛老所謂空無之說。

三、萬物一體於氣

甘泉在天地萬物同此一氣的基礎上，言「感通」之義。

> 天下古今只是感應而已矣，何以感之即應，疾於影響，宇宙內只是同一氣、同一理，如人一身呼吸相通，痛癢相關，刺一處則遍身皆不安。〔註14〕

「感通」之說，傳統上的看法，有從天道之本體與生化處言者，如《易繫辭》云：「易無思也，無爲也，寂然不動，感而遂通天下之故，非天下之至神，其孰能與於此。」；〔註15〕有從本心之感發而言者，如明道「萬物之生意最可觀」〔註16〕之說，但對於何以有此感發，則多推之於德性本體的「神用」義。

甘泉在此則提供一個較爲特別的解釋，是因爲宇宙萬物「同一氣、同一理」，故能「感之即應，疾於影響」，如人之一身，痛癢相關，這可以說是有別於傳統較抽象的玄思。在此天地萬物同一氣、同一理的論點上，更進而言「萬物一體」。

〔註12〕同註5。
〔註13〕《文集》，卷七，頁3。
〔註14〕前引書，卷十，頁10。
〔註15〕《易繫辭傳上》，頁5。
〔註16〕《二程集‧語錄》，卷十一，頁120。

人之一呼一吸，天地之氣也。氣在天地，吸之即翕，天地之氣通我

也；呼之即闢，我之氣通天地也，是故知天地人一體。〔註17〕

「萬物一體」這一命題，可說是中國思想裏最高的境界，自孟子云：「萬物皆備於我矣，反身而誠，樂莫大焉。」〔註18〕開始，即成為歷來儒者修養功夫最高的追求，明道則云：「仁者渾然與物同體」，〔註19〕而陽明則曰：「只在感應之幾上看，豈但禽獸草木，雖天地也與我同體的，鬼神也與我同體的。」，〔註20〕即上述諸儒皆是站在德性心之感通上言，是經歷過一番艱辛的實踐功夫方始有得。

甘泉則在「渾然宇宙其氣同也」〔註21〕的論點下，逕言「天地人一體」。雖然此氣此體仍是在德性內涵下言，但畢竟是較偏向於邏輯推理下所得的結論，而欠缺來自於真實生命的實踐體驗，故由「氣」而言之「同體」義，是不如上述諸儒所言之深刻的。

「氣」可說是甘泉理論的基礎，甘泉吸收了許多張載「太虛即氣」的思想，並豐富其內容。以「氣」是與「道」並生，而作為生化流行之實體；並由氣之虛實有無之變化，而演成一天地萬物生成終始的演化模型；由氣之實有以反對佛老之空無，進而言天人之感通，強調萬物之一體。

第二節　以天理為頭腦

甘泉之學以「隨處體認天理」為宗，故「天理」之義乃甘泉學中主旨之所在，其重要性可想而知。甘泉的天理義受到明道、白沙的影響，除以天理為最高的本體外，並以觀生理、生意處，見天理之所在，且強調天理不著於動靜、內外的普遍性與變通性，最後歸於自然。

一、以天理為頭腦

天理是一大頭腦，千聖千賢共此頭腦，終日終身只此一大事。〔註22〕

天地間只是一個理，縱他死生榮辱得喪之數不齊，而吾之理未不一

〔註17〕《文集》，卷二，頁3。
〔註18〕朱熹，《孟子集註》，〈盡心上〉四，頁189。
〔註19〕《二程遺書》，〈第二〉上，頁16。
〔註20〕《傳習錄》，卷下，頁57。
〔註21〕《文集》，卷二十一，頁1。
〔註22〕前引書，卷八，頁1。

也。〔註23〕

甘泉云：「本體即實體也，天理也，至善也」，〔註24〕蓋天理即是最高的價值本體，其具至善之內涵，爲聖爲賢之頭腦在此。蓋甘泉之天理義是重其客觀性與普遍性，他並非如陸王心學，是立基於本心處而言，而是以一超越地天道本體作爲歸依。因此其對天理的看法，是比較接近於朱學的。

仁即是天理。〔註25〕

天理即是德性之知。〔註26〕

此最高之本體「天理」，落實於吾人之心體，即是仁心，即是德性之知，因此甘泉以天理爲頭腦，即在成就吾人之德性，以爲聖爲賢。

二、由生理生意處見天理

甘泉亦受到明道的影響，而由生理、生意處言天理之能動性。

只是中間這一點生意即是天理。〔註27〕

天理只是心之生理。〔註28〕

明道云：「『生生之謂易』，是天之所以爲道也，天只是以生爲道。」，〔註29〕蓋明道是由「觀天地生物氣象」之中，體其天道內涵。甘泉之天理義亦重此生生不已之義，而常以生理生意言之。

三、天理無內外心物之別

天理二字，不落心事，不分內外，何者？理無內外、心事之間故也。

〔註30〕

天理普遍具存於萬事萬物之間，所謂「自獨處以至讀書酬應……內外上下莫非此理」，〔註31〕皆是此天理之流行充塞。因此天理既是客觀地價值本體，且

〔註23〕前引書，卷十，頁8。
〔註24〕前引書，卷七，頁25。
〔註25〕前引書，卷十一，頁20。
〔註26〕前引書，卷八，頁4。
〔註27〕前引書，卷十一，頁17。
〔註28〕前引書，卷十一，頁20。
〔註29〕《遺書》，卷二上，頁29。
〔註30〕《文集》，卷七，頁59。
〔註31〕前引書，卷七，頁3。

亦內在為吾心之本體，而無內外本末之別，這和陸王心學立基於本心處之天理，是有毫釐之差的。

> 權即是中，中即是理，理有何形，無形何執。〔註32〕

> 中正無所，隨處而在。〔註33〕

甘泉云：「天理是活的」，〔註34〕即天理並非一死硬的教條，而當能隨時權變，其原則只是一中正，但「中正無所，隨處而在」，因此甘泉天理義有其靈活變通性。其批評朱子云：「若只執著一邊，朱子所謂天理，硬矣。」，〔註35〕即朱子之「理」乃局限於氣之所以然之形式之理，本身既無參與氣化之中，也不具能動性，因此遭致甘泉太執滯、太僵固之批評，以其「理」本無內外、心事之別，而能以各種形式表現其價值內涵，故較朱子為具靈活之變通性也。

四、天理即自然

天理即自然之說，甘泉乃承白沙而來。「先師白少先生云：『學以自然為宗』，當時聞者或疑焉，若水〈甘泉〉服膺是訓四十年矣，乃今信之益篤。」。〔註36〕

> 道以自然為至。〔註37〕

> 謂之天理者，明其為自然，不由安排耳。〔註38〕

白沙「自然」之說，較強調在功夫義上的去執無滯，至於道體與自然的關係如何？則較少說明。甘泉除繼承其功夫義的內涵外，另一方面也補充說明天理的流行，本身就是一自然而然的生發造作。所謂「夫自然者，天之理也，理出於天然，故曰自然也。」，〔註39〕是將自然之義貫於本體與功夫而得完整。〔註40〕

因此甘泉的「天理」義，在價值上「以天理為頭腦」，是為宇宙萬物最高的價值本體，其內涵則為一「至善」，具於個體之中，則為一「仁心」、「德性

〔註32〕前引書，卷十一，頁 17。
〔註33〕前引書，卷十一，頁 30。
〔註34〕前引書，卷七，頁 33。
〔註35〕前引書，卷七，頁 33。
〔註36〕前引書，卷二十一，頁 3。
〔註37〕前引書，卷二十三，頁 39。
〔註38〕前引書，卷二十三，頁 25。
〔註39〕前引書，卷十七，頁 25。
〔註40〕參考陳郁夫，《江門心學》，「以自然為宗」，頁 27。

之知」，呈現於萬事萬物，則是一生意盎然，其既無處不充塞，也無處不流行貫注，故「理無內外心事之間故也」。

「理」不滯於內外心事，其原則只是一「中正」。「中正」隨處而在，可隨時權變，而非一「死理」，而具靈活變通性。最後甘泉乃歸於「自然」，天理自然流行，本於天然。

第三節　理氣合一

甘泉理與氣的關係，首先，是理不得離氣而獨存，即理必寓於氣之中，但亦非混理氣而無別，甘泉曰：「氣得其中正……即道即義」，〔註 41〕即甘泉是以氣之中正為理之內容，理氣合一於中正之處，這是甘泉「理氣合一」說的特色。由欽順與陽明「理氣合一」說的比較，可知「理氣合一」是一時期的重要主張。

一、理不離氣

甘泉論理氣，是以氣為本，在氣中論理，表現出其重視實然之氣，講求實事實務的態度。

> 理不離物，非離物外人倫而求諸窈冥昏默以為道也，可見古人實學
> 處。《易》曰：「形而下者謂之器，形而上者謂之道」，道器同一形字，
> 故《易》不離形而言道，《大學》不離物而言理。〔註42〕

由於朱學至於明中，其超越的性理義逐漸失落，誠如欽順所言，或「溺於外而遺其內」或「局於內而遺其外」，〔註43〕故甘泉有感於此而倡「實學」、「理不離物」，強調在實事實務上論理。

> 問曰：「理之流行氣也。」〈甘泉〉答云：「此句便倒說，糊塗說了。」
> 〔註44〕

> 謂有是理即有是氣，卻倒說了。〔註45〕

正因甘泉主張由氣中以論理，所以無法認同朱學「理先氣後」、「理本氣末」的

〔註41〕前引書，卷二十四，頁 13。
〔註42〕前引書，卷九，頁 21。
〔註43〕《困知記》，「附錄」，頁 1。
〔註44〕《文集》，卷七，頁 57。
〔註45〕前引書，卷十一，頁 4。

說法，以其在氣之先，先設一超越的所以然之理，作爲氣之流行的規範，而不是實際從氣中體察而來。這樣的「理」即甘泉所謂「外氣以求性道」，〔註 46〕所以甘泉要說是「倒說、糊塗說了」，即當爲「氣之流行，理也」、「有是氣即有是理」方是。至此甘泉方改變朱學以來「理先氣後」的看法，而易之由氣以論理的主張。

> 「性即氣也，然則釋者以搬運之爲性也，然乎？」〈甘泉〉曰：「以搬運之爲性，不可也，外搬運以求性，不可也，是故搬運，氣也，有搬運之理存焉，是故謂之性。」〔註 47〕

甘泉由氣以論理，但決非混理氣而無別，觀以上對釋氏的批評中，即以釋者混搬運而爲性、理氣不分爲據，所謂「以搬運之爲性，不可也」。但亦不可「外搬運以求性」，即當以氣爲本、由氣中論理，故曰「有搬運之理存焉」，而此氣中之理爲何？即甘泉在氣中爲理所賦之新的定義。

二、氣之中正爲理

甘泉之理，既非立基於本心之良知，也非以氣之所以然爲理，而是提出一「中正」的主張。

> 舍氣何處尋得道來？……蓋氣與道爲體者也，得其中正即是性，即是理，即是道。〔註 48〕

> 言氣即道便不是，氣得其中正，發於事物，即道即義，非二物也。
>
> 〔註 49〕

「舍氣何處尋得道來？」，說明不可外氣以求理；「言氣即道便不是」，則說明不可以氣作理，即理與氣雖爲一體，但二者其義仍有別。即「氣得其中正」，即是理、即是道、即是性，甘泉在此提出「中正」的價值作爲「理」的內涵，即事物之表現合於中正之價值者便是「理」。

> 陰陽合德，剛柔適中，理也，天之性也；夫人之喜怒，氣也，其中節焉，理也。……氣有形，故曰形而下，及其適中焉，即道也。夫中何形矣，故曰形而上，上下一體也，以氣理相對而言之，是二體

〔註 46〕前引書，卷二，頁 12。
〔註 47〕前引書，卷二，頁 12。
〔註 48〕前引書，卷八，頁 13。
〔註 49〕前引書，卷二十四，頁 13。

也。〔註50〕

　　甘泉子曰：「吾觀於大《易》，而知道器之不可以二。二也，爻之陰
陽剛柔，器也，得其中正焉，道也。器譬則氣也，道譬則性也，氣
得其中正焉，理也，性也，是故性氣一體。……夫故孟子曰：『形色
天性也』，又曰：『有物有則』，則也者，其中正也。《易》曰：『一陰
一陽之謂道』，其陰陽合德也乎。」〔註51〕

《中庸》云：「喜怒哀樂之未發謂之中，發而皆中節謂之和，中也者，天下之
大本，和也者，天下之達道也。」〔註52〕濂溪則云：「或問曷為天下善？……
曰：『惟中也者。和也，中節也，天下之達道也，聖人之事也，故聖人立教，
俾人自易其惡，自至其中而止矣。』」，〔註53〕蓋「中正」之義其亦源遠流長，
即《中庸》與濂溪皆以天道之本體為「中」，故曰此「天下之大本」，承此「中
體」以發而為外曰「和」，故言「天下之達道」，是由客觀之天道義下貫於主
觀之本體義講。

　　甘泉「中正」之說雖受上述所影響，但其陳述方式卻有別，以其是由氣
之陰陽剛柔而得其適中處講，所謂「氣有形，故曰形而下，及其適中焉，即
道也。」、「氣得其中正焉，理也，性也」，即甘泉主張要在「氣」之中去體察
那不偏不倚、無過不及的「中正」之理，此「中正」之理乃一形而上的道德
價值，而此道德價值的呈現與把握，卻必須於「氣」中體察而得。

　　甘泉這樣的觀點，反映於他所稱引之經典，其引《孟子》「形色，天性也」、
《詩經》「天生蒸民，有物有則」與《易繫辭》「一陰一陽之謂道」等語。蓋
上述經典其義或異，而甘泉皆如此稱述的理由，無非是皆由氣中以論理而已，
即甘泉乃主在「形色」中論性，在「有物」中論其「則」，在「一陰一陽」中
論其「道」，這樣的觀點亦正符合甘泉「以氣為本」的主張。

　　道也者，中正之理也，其情發於人倫日用，不失其中正焉，則道矣。

　　故中正而天下之理得矣，天下之理得，而位育在其中矣。〔註54〕

雖然在理氣觀上甘泉是以氣為本，但在價值意義上，甘泉所肯定的仍是以此
「中正」之理為主，即甘泉仍是著重在對此一道德實體的把握及發揮，故言

〔註50〕前引書，卷二，頁10。
〔註51〕前引書，卷一，頁1。
〔註52〕朱熹，《中庸集註》，頁2。
〔註53〕曹端撰，《通書述解》，卷上，〈師第七〉，頁18。
〔註54〕《文集》，卷七，頁19。

「中正而天下之理得」，這是對天道實體的體認；「天下之理得，而位育在其中」，則是對此天道實體的發用，以期能作育萬物，而成就一不偏不倚、無過不及的中正世界。

因此，或以其是以氣之流行為本體，而以「理」為從屬於氣的「二級概念」，乃符合於唯物思想的看法，是不能令人認同的。〔註55〕

三、「理氣合一」說的論難與比較

（一）甘泉與欽順之論辨

甘泉以「氣之中正為理」之說提出後，便遭到欽順的質疑。

> 易卦三百八十四爻，中正備者六十有四，中而不正者亦六十有四，正而不中者百二十有八，不中不正者亦百二十有八，元明〈甘泉〉云：「吾觀於大《易》，而知道器之不可以二也，爻之陰陽剛柔，器也，得其中正焉，道也」，其說器字甚明，然但以得其中正者為道，不過六十四爻而已，餘爻三百二十，以為非道，則道器不容於不二矣。如以為道，則固未嘗得其中正也，不識元明果何以處之邪？〔註56〕

欽順以易卦為例，說明若依甘泉所說「中正者為道，不中正者非道」，則易卦三百八十四爻中，中正備者只有八十四爻，則其餘三百二十爻均非道矣，若如此則分明道器為二矣。若要強說此三百二十爻亦是道，以矯道器為二之弊，則此三百二十爻又明非中正者，如此遂不能自圓其說矣。故欽順對甘泉的質疑，可謂強而有力，甘泉則重申其說道：

> 一陰一陽則便是中，故謂之道，文公乃謂一陰一陽者氣也，所以一陰一陽者理也，似覺多了，然則爻之不中不正者，如何？曰：「惡亦不可不謂之性」，故言吉凶悔吝皆易也，但以其偏陰偏陽，不可謂之中正，非易之全體，故難以語道。比如犬之性、牛之性，天地間自是有此許多物事，然以其偏了，謂之天地之全體則不可。〔註57〕

甘泉此論述之重點在「偏陰偏陽，不可謂之中正，非易之全體，故難以語道」一段，蓋甘泉所謂「中正」之義，並非在形下之爻上，而是一形上之價值標

〔註55〕喬清舉，《湛若水哲學思想研究》，頁37。
〔註56〕《困知記》，卷下，頁29。
〔註57〕《文集》，卷二十三，頁5。

準，即在氣之陰陽剛柔中得其中正，即是理，即是道，即是復其本體。故偏陰偏陽者，以其不得中正也，如犬、牛之性各得其偏，若其能矯其偏而止於中正，亦可謂之復其本體也。

　　以三百八十四爻爲例，若皆未能體其中正，則可謂無一爻得其理也，在此則「道器爲二」，及一朝得其中正之理，則吉凶悔吝便無一非道也，在此則「道器爲一」，此乃甘泉「理氣合一」說。故甘泉並非毫無原則的一視同仁，而此標準即是「中正」，因此甘泉「理氣合一」說是合一在「中正」之義上。

　　但欽順仍未認同其說，其續疑道：

　　　　元明〈甘泉〉言犬牛之性非天地之性，即不知犬牛何從得此性來？
　　　　天地間須是二本方可。〔註58〕

如前所述，甘泉「理氣合一」是合一於「中正之理」上，故言犬牛之性非天地之性，是因犬牛受限於氣質之蔽，而不識天理之中正之故，若能識，則亦復其天地之性矣，故非是有「二本」。犬牛之性與天地之性實則只是一氣，故甘泉云：「天地間萬物只是一氣而已，氣之偏者即蠢然爲物，氣之中正者則渾然爲聖人。」，〔註59〕所以「蠢物」與「聖人」實則皆同此一氣，是爲「一本」，其差別只在是否止於中正焉而已。

（二）欽順與陽明之「理氣合一」說

　　欽順的「理氣合一」說，是源於對朱學「理氣爲二」的修正上，其云：「太極與陰陽果二物乎？其爲物也果二，則方其未合之先，各安在耶？朱子終身認理氣爲二物，其源蓋出於此。」，〔註60〕故欽順亦是主張「理氣合一」者，但其「理氣合一」的內涵與甘泉亦有所不同。

　　　　理果何物也哉，蓋通天地，互古今，無非一氣而已，氣本一也，而一
　　　　動一靜、一往一來、一闔一闢、一升一降，循環無已，積微而著，由
　　　　著復微，爲四時之溫涼寒暑，爲萬物之生長收藏，……千條萬緒，紛
　　　　紜轇轕，而卒不可亂，有莫知其所以然而然，是即所謂理也。〔註61〕

欽順論理與氣的關係，有一點和甘泉是相同的，即他們都是站在氣的基礎上論理，欽順是由氣之動靜往來、屈伸變化中識理，所謂「理即是氣之理，當

〔註58〕　《困知記》，卷下，頁29。
〔註59〕　《文集》，卷四，頁10。
〔註60〕　《困知記》，卷下，頁8。
〔註61〕　前引書，卷上，頁7。

於氣之轉折處觀之」，〔註62〕即在千條萬緒的變化轉折處，有「莫知其所以然而然」者，乃是理。至於所謂「莫知其所以然而然」其義究爲何？由欽順對「理一分殊」的闡釋中或可更明確些。

> 此理之在天下，由一以之萬，初非安排之力，會萬而歸一，豈容牽
> 合之私，是故察之於身，宜莫先於性情，即有見焉，推之於物而不
> 通，非至理也。察之於物，固無分於鳥獸草木，即有見焉，反之於
> 心而不合，非至理也。必灼然有見乎一致之妙，了無彼此之殊者，
> 自森然其不可亂，斯爲格致之極功。〔註63〕

「理一分殊」之說，乃朱子承伊川而來，其意在說明宇宙萬物皆有其所以然之理，此曰「分殊」；在此千千萬萬分殊之理中，儘管其具體內容不同，而在形式上可統合爲一最高之所以然之理，此曰「理一」。故朱子言：「伊川說得好，理一分殊，合天地萬物而言，只是一個理，及在人，則又各自有一個理。」，〔註64〕因此「理一分殊」說，乃朱子說明最高所以然之天理其所具之絕對性與普遍性的主張。

欽順言「理一分殊」，始則察之身心，有見其理，而後推之於物之鳥獸草木，若有不合，便非天理之至；同理，有得於鳥獸草木之理，驗之於身心不合，亦非天理之至。必至於此理於心物無不合，得其「一致之妙」，此時萬物皆爲一體之呈現，是爲「理一」；而亦不礙其彼此分殊之異，是爲「分殊」。

由欽順「理一分殊」之義，可知欽順所主仍是對最高性理的契合，只是不再如朱學強調所以然之理的絕對性，而脫離於氣之外，以至於別爲一物。他修正這種「理氣爲二」的觀點，而更強調此「理一」須在「分殊」處體會，不可脫離具體事物以論理，使朱學性理義更落實於分殊之理中。

因此欽順的「理氣合一」說，從理論上言，則氣之分殊無非理之自然流行，所謂「受氣之初，其理惟一，成形之後，其分則殊，其分之殊，莫非自然之理；其理之一，常在分殊之中。」，〔註65〕故是在最高的「理一」處說「理氣合一」，即由理論上言，最高之「理」流行造作以生天地萬物，落實地說，即必須在分殊之眾理中，進一步去體驗，方可得其「一致之妙」，乃可契于最

〔註62〕前引書，「續編」，頁40。
〔註63〕前引書，卷上，頁5。
〔註64〕《朱子語類》，卷一，頁2。
〔註65〕前引書，卷上，頁18。

高之「理一」，此乃欽順「理氣合一」說，故欽順「理氣合一」是合一于最高的「理一」上。

以下再述陽明之說：

> 「精一」之精以理言，「精神」之精之氣言，理者氣之條理，氣者理之運用，無條理則不能運用，無運用則亦無以見其所謂條理者矣。〔註66〕

> 若見得自性明白時，氣即是性，性即是氣，原無性氣之可分也。〔註67〕

所謂「理者氣之條理，氣者理之運用」一句，是陽明對理氣關係的看法。蓋「條理」者，有規範、指導之義，故曰「無條理則不能運用」，而「運用」者，則有發用、表現之義，故言「無運用，則亦無以見其所謂條理」，即「理」是作為價值的本體，而「氣」則是流行發用的條件，氣須要理作為價值上的引導，方能為善，理也須要氣作為表現善的條件，二者是相輔相成的，這樣的看法並沒有太特別。

特別的是，陽明之所謂「理」，是就吾人之良知而言，所謂「吾心之良知即所謂天理也。」，〔註68〕因此良知是價值的本體，是氣之流行發用的主宰，故致其良知本體則氣之流行亦無不善，故云「若見得自性明白」，即言若致其良知，則此時「氣即是性，性即是氣，原無性氣之可分」，其義是說此時全體萬物無不在良知之感通流行中，而呈現其價值意義，而吾人良知之善，亦無不推之於萬事萬物而得以表現，此時全體是一道德價值之呈現。

此乃陽明「理氣合一」說，而其說可謂是「合一」在良知上，以良知做為價值本體，作為天理之所在，良知未明時，亦不可認氣為理，所謂「認氣為理，冥悍自信，終身勤苦而卒無所得，誠可哀矣。」，〔註69〕而當良知本體復萌時，則其感通流行無不是天理之表現，在此意義上言「理氣合一」。

（三）三家「理氣合一」說之比較與意義

由以上對三家「理氣合一」說的論述中，可以說甘泉與欽順二家之說較近，其皆主張要以氣為基礎而論理，理不可離氣而別為一物，但氣又決不是理，理氣雖為一體，卻因不同層次的涵義而別為兩名，二者之異同不可以混，

〔註66〕《傳習錄》，卷中，頁86。
〔註67〕前引書，卷中，頁85。
〔註68〕前引書，卷中，頁69。
〔註69〕《陽明全書》，卷四，頁21。

這可以說是二人相同的主張。

但在對「理」之內涵的詮釋上，則不盡相同，甘泉承《中庸》、濂溪之學，從氣之「至中至正」處識「理」，強調在氣中體其中正之義，而將理氣合一於「中正」；欽順承「理一分殊」之說，強調在「分殊」之理中見其「一致之妙」，而將理氣合一於「一致之理」，二家之歸結處雖不同。但其路徑又何其相近。

陽明之說則較上述二家特別而直捷，即陽明「理氣合一」說是落在良知處講，良知不須先在「分殊」之氣中體察方能上達，良知只在一念「真誠惻坦」，即可自反自覺，故較二家爲直捷。當良知復萌，則物之道德意義便在良知處顯，而良知之道德創造，則待物而成，是理氣合一於良知。

雖然三家「理氣合一」說的內容各不相同，但對「理氣當是合一」這一主張，卻是三家的共識。此中透露何種訊息？在甘泉與弟子潘洋的問答中，或可得其線索。

> 潘洋問：「理氣之說，自孟子、周、程而後，鮮有能明之者，先生推明合一之學，曰：『氣之中正者，道也』……陽明先生亦曰：『理者氣之條理，氣者理之運用』，夫然後理氣合一之說章明於天下矣。如曰：『氣以成形，理亦賦焉』、『枯槁雖無氣而有理』，則是天下有性外之物，洋竊疑之？」先生〈甘泉〉：「此卻看得是。如曰：『理氣爲二』，請於氣之外，更尋個理出來，而世儒猶不信，陽明二句近之，亦似稍分了。」〔註70〕

朱子云：「人物之生，必稟此理然後有性，必稟此氣然後有形」，〔註71〕又云：「枯槁之物謂之無生意則可，謂之無生理則不可」，〔註72〕蓋朱子以理作爲氣之所以然之理，以氣作爲形下凝聚造作之物，理具超越的優先性，稟於人之個體則爲性，氣則凝聚而爲其形，故析理氣而爲二，落實在個體中，則枯槁之物亦有其所以枯槁之理，理氣是爲不即不離的關係。但朱學對於理氣的主張，至於明中而漸生偏弊，誠如居仁所言，儒者多以「考索爲足以明道、註解爲足以傳道」，〔註73〕是朱學漸淪於逐物而失其性理義的超拔，這是上述這段問答的學術背景。

〔註70〕《文集》，卷二十三，頁 21。
〔註71〕《朱文公文集》，卷五十八，頁 5。
〔註72〕《朱子語類》，卷四，頁 10。
〔註73〕《胡文敬集》，卷一，頁 10。

　　故甘泉、欽順「理氣合一」之說，可謂是矯朱學流弊而發，他們反對的是只知考索註解的逐物之學，反對的是在氣之外、求一杳冥不可及的性理，因此主張以氣爲本、由氣中識理，而倡「理氣合一」說。至於陽明之學，則是從朱學心性論析心與理爲二的弊病而來，最後再含攝理氣合一，其源處與路徑稍異於湛、羅二家。因此「理氣合一」的主張，可說是有其時代的意義。

第四章　心性論

　　甘泉論心，是從形氣之知覺處論，所謂「凡謂之心，皆指具於形氣者言」，〔註1〕強調心所具之知覺及見聞思慮之作用，這樣的心，頗似朱子由「氣之靈」處論心，重在心之認知義，其型態屬「心性氣三分」之架構；第二層是從心之體其性理處論，強調心知之體察萬物而得其中正之理時，心與氣合一于性理，重在心之德性義，其型態又有不同，乃爲「心性氣合一」的理論。因此甘泉之心的內涵可謂豐富，而表現出合會朱子與陽明之學的特色。

第一節　形氣之知覺曰心

　　甘泉論理氣是在氣的基礎上論理，而甘泉論心，亦始由經驗層的實然之氣處論，重心之認知義。

一、氣之知覺曰心

　　　　宇宙間一氣而已，……自其精而神虛知覺者謂之心。〔註2〕
　　　　氣之知覺者謂之心。〔註3〕
蓋宇宙萬物皆是渾然一氣所造就，其凝聚於人而有靈明知覺者爲心，故心最基本的特性便是知覺，由視聽言動之感官以察識事物，甘泉此義和朱子言「心者氣之精爽」，〔註4〕取心之認知義是相同的。

〔註1〕《文集》，卷四，頁10。
〔註2〕前引書，卷二，頁9。
〔註3〕前引書，卷十一，頁29。
〔註4〕《朱子語類》，卷五，頁85。

> 知覺者心之體也，思慮者心之用也。〔註5〕

> 心之官則思，思者心之知覺也，非敬則思或邪焉。〔註6〕

人之能視聽言動而有知覺，以其有心之故，知覺是對外界的認識能力，而進一步分析歸納以為知識，則是來自於思慮的作用，但無論是認知或知識，若無正確之價值規範的引導，則有時或邪焉、或流而為惡。

> 夫人之有心，莫不有知覺，既有知覺不能不動而為情，外物觸其情
> 而交焉，則不能不流，流而不息，莫知所止。〔註7〕

> 人心之安，固是天理，然惡人亦且安心為不善，則安與不安亦未可
> 憑據。〔註8〕

孔孟由人之不安不忍處，以指點人之德性心，如見孺子入井，乃生惻隱之心焉。而甘泉則由人心之知覺處言，以為知覺之視聽言動，可感於物而發為情，情隨物遷卻不能知止於至善，遂流而為惡。故甘泉以心之知覺不可為據，而云：「惡人亦且安心為不善」。若由孔孟的觀點來看，恐怕不能認同甘泉這樣的看法，以其主張人若為不善，其心必不安，是不會有所謂「安心為不善」這樣的問題。所以這是看心觀點的問題，甘泉並不是由人心之不安不忍的道德心處看心，而乃是由實然之心的知覺言心，心體只具認知之作用，並不足以為道德之根據。甘泉便從這樣的觀點批評陽明，而云：「良知之難信在以知覺為理」，〔註9〕因此甘泉主張心之知覺，是須要透過學問思辨的學習，以開發其聰明，方能導之於德性之路，所謂「多識前言往行，以畜其德，識其知也，所以開發其聰明也。」。〔註10〕

故甘泉看心非如孔、孟、陸、王，是直從德性心之安與未安處契入，而是由經驗層的認知心處言。

二、心者體物而不遺

因甘泉是由形氣之知覺處論心，所以特重心之體察、含攝事物之理的作

〔註 5〕《文集》，卷一，頁 4。
〔註 6〕前引書，卷一，頁 7。
〔註 7〕前引書，卷七，頁 15。
〔註 8〕前引書，卷七，頁 43。
〔註 9〕前引書，卷八，頁 21。
〔註 10〕前引書，卷五，頁 5。

用，因此心的範圍是無所不包、無所不攝的。故由心之認知義的作用而言，心是「體物而不遺」的。

> 心者，體天地萬物而不遺者也，……包乎天地萬物之外，而貫乎天地萬物之中者也，中外非二也，天地無內外，心亦無內外，極言之耳矣。〔註11〕

> 心與天下不可分內外，稍云求之本心，又云由內，便有外物之弊。

> 心體物而不遺，何往非心，此理一也。〔註12〕

由於甘泉之心貴在其能體察萬事萬物之理，故其心之範圍乃包含天地萬物，而無所不體、無所不貫，而無內外本末心物之別，所謂「大其心，包天地萬物而與之一體，則夫一念之發以至天下之物，無不在內」，〔註13〕故由心之涵攝義言，則天地萬物無不在吾心之內，甘泉由此而倡「大心」，亦以此而反對拘守本心之狹，以其不知心之範圍本自廣大之故。

> 「心外無事，心外無物，心外無理」三句無病，又云「心即事，心即物，心即理」似欠明。〔註14〕

唯心能範圍天地、體察萬物，故就心之作用與體察之範圍言，甘泉認同「心外無事、心外無物、心外無理」的說法，即事、物、理皆得攝于在心之體察範圍內，但心與事、物、理仍是一主客對待的關係，而並不是如陸、王心學所說者，皆得攝于在心體處言。故當言「心即事、心即物、心即理」時，甘泉便不以爲然，雖然由「大心」說的角度來看，事、物、理皆得攝於心知之內，但心與事、物、理畢竟仍是有所別，仍是一種認知主體與對象的對待關係，即甘泉之「理」必待心之體察事物而後得，所謂「即心而事物在，即事而理在」，〔註15〕並不能直接逕曰「心即理」，也不能將事物皆作心之感通所生之意念，而皆攝于心體看，此乃甘泉不能認同陽明「心即理」之說，此乃因甘泉看心，是由認知主體爲主之故。

> 良知之難信，在以知覺爲理。〔註16〕

甘泉「心」的內容，是包含天地萬物而爲「大心」，其作用則在「體天地萬物

〔註11〕前引書，卷二十一，頁1。
〔註12〕前引書，卷七，頁7。
〔註13〕前引書，卷八，頁17。
〔註14〕前引書，卷八，頁17。
〔註15〕《文集》，卷八，頁17。
〔註16〕前引書，卷八，頁21。

而不遺」，故心之作用是認識外物之知覺，而並不是作為價值判斷的主體「理」，「理」是心與萬物之體察而後呈現者。故對甘泉而言，陽明「心即理」之說，是排除了外物，只剩下心之知覺而已，只是一空知，所謂「吾之所謂心，體萬物而不遺者也，故無內外；陽明之所謂心者，指腔子裏而為言者也。」，〔註17〕是以甘泉批評其有「外物之弊」、「以知覺為理」。

　　蓋甘泉、陽明二者確實看心不同，只是並非腔子內外的問題，而是心之性質的問題。甘泉由心知之察識含攝義，言「體萬物而不遺」的作用，而陽明則直由心之真誠惻怛處，以言良知本體，一屬認知義，一屬德性義，此為其不同處。

三、心之虛靈不昧

　　心之所以得含攝萬事萬物，以心具「虛靈不昧」之作用，故能不執滯于物，而清明體察其眾理。

> 吾常觀吾心與無物之先矣，洞然而虛，昭然而靈。虛者心之所以生也，靈者心之所以神也。吾常觀吾心與有物之後矣，窒然而塞，憒然而昏，塞者心之所以死也，昏者心之所以物也。〔註18〕

心之知覺其體察之對象，範圍天地萬物，皆在此心之內，而其所以得體萬物而不遺，以其具虛靈之作用。所謂「只如太虛之涵萬象，又如明鏡在此，物來照之，鏡未嘗動。」，〔註19〕心之所以得包容萬物，在於其不著於物，故曰「虛靈」，又如明鏡之照察，使事物之表裏精粗無不畢現，若著於物則心知便有所蔽塞，而不得其物之真相矣。

> 此心時時常明，如懸明鏡，物無不照。〔註20〕

> 聖人心如明鏡，物來妍媸自照，依舊此鏡，鏡何與焉？事物之來，喜怒哀樂，聖人自順應，依舊此心，聖人之心何與焉？〔註21〕

甘泉喜以「明鏡」比喻心知之虛靈照物，當心知之澄定清明，亦正如鏡之清淨無垢，物來則纖毫畢現，物去則亦不執滯於物，而心知之澄定依舊，所謂

〔註17〕前引書，卷七，頁24。
〔註18〕前引書，卷二十一，頁7。
〔註19〕《文集》，卷十一，頁15。
〔註20〕前引書，卷九，頁13。
〔註21〕前引書，卷八，頁11。

「鏡之明定，如心之體，何思何慮也，鏡之光能照，物來而照之，如心之用。」，〔註22〕故明鏡照物的特性，確如心知之體物而不遺，只是鏡之所照爲物之相，而心知之所察，則爲物之理而已。

> 虛靈而止于虛靈焉則空，應變而流於應變焉則跡，知虛靈應變而滯
> 于虛靈應變焉則昧，昧與空、跡皆不足以見道，非聖人之學也。必
> 也虛靈以察道之體，應變以幾道之用，虛靈應變而神之，天理得矣。
>
> 〔註23〕

若徒恃其虛靈不昧，則流于空知；若徒順應事變，則又偏於逐物，故甘泉之心不徒然只如明鏡之照物，虛靈而應變而已，若如此則爲釋氏之空如，故甘泉強調「必也虛靈以察道之體，應變以幾道之用」，即重點在「道體」之呈現，是以甘泉之心雖由認知心之體察始，但其目標卻是在於道德本體的體現。

> 心非獨知覺而已也，知覺而察知天理焉，乃爲心之全體。〔註24〕

由上可清楚看出，甘泉心的內涵不徒然只是心之知覺，而其心知之虛靈應變的作用，其最後的目的仍是在對天理的掌握，故甘泉「心」的內容，可說是由認知心契入，以天地萬物爲範圍，具虛靈不昧之作用，但心並不僅止于知覺，其仍在求進一步的上達性理，但此「上達」並非如朱學所主張，是由心知去認識性理而已。蓋甘泉心與性理的關係其並非爲二物，而是屬於氣之一體，但二者卻具有不同的性質，此乃甘泉論心性較爲特別的地方，以下便論甘泉之性理義。

第二節　氣之中正曰性

一、性即理

甘泉云：「性以理言，言天道」，〔註25〕即以性之價值根源來自於天道本體，因此「性」即是客觀的天理呈現。

> 自綜理家務，至於兵農錢穀、水利馬政之類，無一不是性分內事，
> 皆有至理。〔註26〕

〔註22〕前引書，卷十三，頁2。
〔註23〕前引書，卷十七，頁71。
〔註24〕前引書，卷七，頁5。
〔註25〕《文集》，卷二十三，頁1。
〔註26〕前引書，卷六，頁12。

蓋自流行主宰，而無形質郭郭者爲性，爲仁義禮智。〔註27〕

甘泉言「性」，重其應事時所呈現之價值規範，如其論「心」是以天地萬物爲體察內容，而其論性乃重其體察所得之理，當然此理乃指道德之義理而言，所謂「性也者……其渾然至善者也」，〔註28〕故甘泉之「性」可謂是遍具於事物之中的道德規範之義。

二、氣之中正曰性

甘泉之「性」是遍具於事物中的價值規範，此亦符合甘泉「以氣爲本」，由「氣中識理」的理氣觀，此節即討論甘泉之性理與氣的關係。

> 天地之性也，非在氣質之外也。……是故天下之言性也，皆即氣質言之者也，無氣質則性不可得而見矣。〔註29〕

> 以搬運之爲性也，不可也；外搬運以求性，不可也。是故搬運，氣也，有搬運之理存焉，是故謂之性。〔註30〕

橫渠云：「形而後有氣質之性，善反之，則天地之性存焉。故氣質之性，君子有弗性焉。」，〔註31〕蓋橫渠以人之耳目形軀與才能之賢愚不肖，歸於氣質之性，而天地之性則指人稟受於天道之善性，「善反之」即良知一念之反自自覺，便可復其天地之性。故人不當囿於其氣質之偏，而當復其天地之性爲主體。此說可謂是孟子「性命對揚」之說的進一步發展。

甘泉在此論「天地之性」與「氣質之性」，其義則又不同。以其「天地之性」是從「氣質之性」中來，所謂「天地之性非在氣質之外」，故在氣質之性中所表現出的義理，即是天地之性，天地之性即寓於氣質之中。

但是甘泉並非混「天地之性」與「氣質之性」而無別，混其二者而無別的是禪家，禪氏以爲運水搬柴無不是性，便遭致甘泉的反對，而言：「以搬運之爲性也，不可也」。甘泉所強調的便是「以氣爲本」、「在氣中識理」，故言：「搬運，氣也，有搬運之理存焉，是故謂之性。」，因此在氣質之中表現其道德規範者，即是天地之性；在運水搬柴之中，實踐其義理，方是性之所在。而甘

〔註27〕 前引書，卷二十三，頁48。
〔註28〕 前引書，卷十八，頁18。
〔註29〕 《文集》，卷二，頁9。
〔註30〕 前引書，卷二，頁12。
〔註31〕 《張子全書・正蒙》，〈誠明〉，卷二，頁36。

泉所謂義理的標準，就是「中正」。

> 器譬則氣也，道譬則性也，氣得其中正焉，理也、性也，是故性氣
> 一體。〔註32〕

> 氣與道爲體者也，得其中正即是性，即是理，即是道。〔註33〕

正如甘泉「理氣論」中，以「中正」名「理」，其下貫於「心性論」中，亦以
「中正」名「性」。故氣之中正者爲理亦爲性。因此甘泉所謂天地之性，即是
氣質之性而表現其「中正」的價值者，而所謂「中正」即是無過與不及的道
德規範。

> 男女飲食其慾乎？凡欲皆性也，其欲動而爲過與不及，則慾也，故
> 君子惟中之爲學。〔註34〕

甘泉因爲站在氣質之性的立場，所以能對「男女飲食之大欲」採取較爲寬容
的態度，而「欲」與「慾」在本質上皆指形氣，是一體的，其區別之處只在
是否「過與不及？」，即是否「中正」耳。

　　故甘泉之「性即理」的主張，其內涵即是「氣之中正」，在氣化之中得其
中正之價值，表現其道德之意義，便是性之所在，便是理之所在。這和朱學
所主張的「性即理」，在內容上是有別的，即朱子之「性即理」乃爲最高的所
以然之理，其本身只是一靜態的形式之理，而待心知之格物窮理以認識之。
此與甘泉就「氣之中正」處言性理有別，即朱子性理與氣的關係，是以所以
然之理與實然之氣的對待關係，理氣爲二，而甘泉之性理與氣之間，卻是實
然之氣與其是否中正的關係，二者是一體的，皆爲一氣之所化，而其差別，
只在於是否表現中正之理而已。此乃二家對「性即理」說的不同詮釋。

第三節　心性之辨

一、人心道心之辨

> 人心道心只是一心，先儒謂出乎天理之正者道心，則是，謂發於形氣
> 之私者人心，則恐未幾。凡謂之心，皆指具於形氣者言，惟得其正，

〔註32〕《文集》，卷一，頁1。
〔註33〕前引書，卷八，頁7。
〔註34〕前引書，卷二十三，頁26。

則道心也。又謂雖上智不能無人心，雖下愚不能無道心；又謂道心常
爲一身之主，人心每聽命焉，是有二心相役，此處不能無疑。〔註35〕
甘泉在此所謂「先儒」，乃指朱子。其曾云：

心之虛靈知覺一而已矣，而以爲有人心、道心之異者，則以其或生
於形氣之私，或原於性命之正，而所以爲知覺者不同。……然人莫
不有是形，故雖上智不能無人心，亦莫不有是性，故雖下愚不能無
道心。〔註36〕

必使道心常爲一身之主，而人心每聽命焉，則危者安、微者著。〔註37〕
朱子以爲「人心、道心」之異，在心之知覺之所依據者不同，所謂「人心」
者，在心知乃順從形氣之私欲而行，而所謂「道心」者，乃依據於所以然之
性理。即朱子亦非主張人有二心，乃言心之知覺所依據者有別，而人當以「道
心」所循之性理爲主，使形氣之私循理而行，即以「人心」聽命於「道心」。

但對甘泉而言，朱子雖然並非主張人有二心，但朱子「人心、道心」二
者，其所依據之形氣之私與性理之正畢竟不同。而就甘泉來說，形氣之私與
性理之正二者，其實只是一心之知覺而已，得其偏頗者爲「人心」，得其中正
者爲「道心」，二者實則皆爲一體。

人只有一個心，曷嘗有義利兩個心來？但一念得正時，則爲仁義之
心；一念不得正時，則爲功利之心。利心生於物我之相形，在軀殼
上起念頭；仁義之心生於物我之同體，在本體上起念頭。〔註38〕

因此甘泉與朱子，在「人心道心」這一論題上看法的不同，主要仍歸結於對
性理的不同主張所致。朱子因「理氣爲二」以致「心性二分」，即氣之靈的心
與氣之所以然的理之不同，是以人心之私當依循道心之理以爲主。故甘泉所
反對的，不當說是朱子「二心相投」，實則當說是其「心性相役」才對。因對
甘泉而言，「人心、道心」絕非是二物，所謂「曷嘗有義利兩個心來？」，人
只有一形氣之知覺而已，得其氣之中正者爲仁義之心，順其形軀之私者爲功
利之心，因此「道心」即在「人心」之中，「人心、道心」本是一體，惟在其
一念之中正與否而已。

〔註35〕《文集》，卷四，頁10。
〔註36〕朱熹，《四書集註》，「中庸章句序」，頁1。
〔註37〕前引書，「中庸章句序」，頁2。
〔註38〕《文集》，卷二十，頁30。

人心者，後天成性，合形氣而言者也；道心者，先天繼善，不落形
氣而虛靈自如，萬劫不滅者也。有形氣則有知覺，故可以精、可以
一，不落形氣而虛靈不盡於知覺，乃所以爲精一者，精一之至，形
氣化焉，純一而中見矣。〔註39〕

甘泉此論「人心、道心」之說，乍見似與前有別，如「道心」似爲先天之本
體，在於形氣之外者，此乃受其語意之影響，實則其義當不如是。如前所述
「人心」是在軀殼上起念頭，而「道心」則在物我之同體，在本體上起念，
故在此所言「不落形氣」者，即是道心不落於形氣之私，而爲中正之性理之
義。故曰：「精一之至，形氣化焉，純一而中見矣。」，即「道心」乃建立於
「人心」之虛靈知覺之惟精惟一處，「精一之至」方得契於中正而呈現「道心」。

　　以上藉由「人心道心」之辨，來陳述甘泉「心性之辨」，人心者，乃心之
虛靈知覺，即甘泉所謂「心」；道心者，即是中正之「性理」，心與性非是二
物相對如朱子，二者實則一氣而已，故爲一體。雖一體卻有別，性即在心之
中，心得其中正之價值即是性，所謂「心一而已，萌爲人焉，人心也；萌而
道焉，道心也。……擇而去之，去之去之，又從而去之，則人去而道存而一
矣。」，〔註40〕故人心、道心實則只是心之知覺之不同狀態，當從其人情之私，
則有所偏，是爲感性之人心；當從其義理之中正，則爲德性之道心，當心不
得其中正時，則全幅是人心之私，此時「心性爲二」，反之，則全幅是道心而
復其性，乃「心性是一」。

二、池水清光之辨

問：「心猶池清水，天理猶水中天日之彰，若忘如去了般，天日如何
得見？助卻如時時添水助長，……必須澄潭無潔，乃始天日了然，
如此作喻，未知如何？」〈甘泉〉云：「池水、天日猶是二物，不若
以心如一池水，其清光即水之性，即如心之純一，即爲天理。……
水在澄之，以復其本性之清；心在定之，以盡其本性之善。」〔註41〕

甘泉弟子以池水、天日喻心性之別，當池水濁亂則不得見天日，乃心不得識
其性理也，當池水澄定則所映天日瞭然，是爲心得識其性矣。此喻較切於朱

〔註39〕前引書，卷二十三，頁22。
〔註40〕前引書，卷十五，頁2。
〔註41〕前引書，卷九，頁8。

子之說，「池水」以喻心知之靈覺，「天日」以喻所以然之性理，故心知唯待澄靜貞定，乃得格物窮理，以進一步識其性理而依循之，如池水澄定乃方得以映天日之彰。

如前「人心道心」之辨，甘泉批評朱子「二心相役」一般，甘泉在此亦斥其弟子所喻，是「池水、天日猶是二物」，即以此喻「析心性爲二」而斥之。蓋對甘泉而言，心性非是二物，實則本是一氣，故甘泉另以「池水天光」爲喻，來說明心與性的關係。蓋池水清光實爲一物，但二者卻又有別，即有池水方有清光，而水之本性在於清，若池水渾濁則清光不見，必待池水澄定，乃得復其清光之明。故甘泉之心性關係，心爲性之基礎，有心方得體性，而性爲心之本體，若心滯於形氣之私，則便無以體其性、復其明，惟待心之清明中正，方得復其性理之本體。

三、心之生理曰性

伊川論心性之別，有喻曰：「心譬如穀種，其中具生之理是性，陽氣發生處是情。」，〔註42〕蓋伊川、朱子乃屬同一義理型態，心爲形下氣之靈覺，故以「穀種」喻之；而性爲形上氣之所以然之理，故以「生理」喻之；心之所發者爲情，故以「陽氣之生發萌芽處」喻之，此清楚的表現出伊川、朱子「心性情三分」的格局。甘泉亦藉此喻以論其心性情之關係。

> 性也者，心之生理也，心性非二也，譬之穀焉，具生意而未發，未發故渾然而不可見，及其發也，惻隱、羞惡、辭讓、是非萌焉，仁義禮智自此焉始分矣。〔註43〕
>
> 心具生理故謂之性，性觸物而發故謂之情，發而中正故謂之眞情，否則僞矣。〔註44〕

甘泉同意由「穀種、生意」之喻以論心性，此乃因穀種生意只是一物，但其義和伊川、朱子仍有不同。即程、朱是以「生意」喻所以然之理，而甘泉則以喻中正之理，此外，程、朱之理只是一形式之理，本身不能生發，必待心識其理後，始能發情而循之。但甘泉之心，當應事而體其中正之理，即化作性體，本身即可生發中正之眞情，若心非性體，則所發便非眞情，而爲私情矣。

〔註42〕《二程集·遺書》第十二，「伊川語四」，頁184。
〔註43〕《文集》，卷二十二，頁1。
〔註44〕前引書，卷七，頁19。

> 所謂心之生理者，如未發則有物躍如活潑，而謂之中。及發則見孺
> 子入井，怵惕、惻隱之心生，與羞惡、辭讓、是非之心皆是。〔註45〕

> 惻隱之類乃良知也，本體知覺非良知也，所謂養知，非是只養他這
> 一點靈覺知識，乃養其所知之實理。〔註46〕

甘泉在此重申所謂「心之生理」，便是其中正之本體。而所謂「未發」者，乃指心知未得其中正之理，其只是一形氣之知覺而已，即「人心」也。當心體得中正，便發而爲惻隱、羞惡之情等，故對甘泉而言，所謂惻隱、羞惡之情，乃爲性理之所發，是爲「良知」。

因此甘泉對「良知」義的看法，與陽明不同。蓋陽明是以「良知」爲吾心之本體，所謂「吾心之良知即所謂天理也」，〔註47〕而甘泉則視「良知」只爲性理所發之情，所謂「見得天理乃是良知，若不見得天理，只是空知，又安得良這個天理之知？」，〔註48〕又云：「良知必用天理，則無空知；天理莫非良知，則無外求。」，〔註49〕是甘泉確將「良知」作已發之情看，而以天理來規範良知，良知當依循天理，方不致淪爲空知，即天理不僅在範圍上較良知爲廣大，在價值上亦較良知爲更進一步的本體。很顯然甘泉是嘗試以其中正之性理來含攝陽明之良知，但恐怕陽明是不以爲然的，無論如何，甘泉與陽明對「良知」義的看法是有著歧異的。

因此甘泉「心之生理」之說，乃重在言性體之能動性，這一點和伊川、朱子有很大不同，卻和陸、王「心即理」的主張，以德性心自能生發造作是相同的。

但要說明的是，在上一節中，曾言及甘泉並不認同「心即事、心即物、心即理」的看法，如此是否矛盾呢？蓋此中有一番曲折，在此節由心之生理處論性中，我們可知甘泉之性，是可以生發其惻隱，羞惡之情的，這一點便與朱子之性理只爲一形式之理，而不能直接生發爲情，有很大的不同，而與象山、陽明「心即理」之說接近。但甘泉仍然不能直接說其爲「心即理」之型態，以其心是必待體察於氣化之事物，若得其中正之性理，乃得發而爲眞情，否則僞矣。故甘泉心與性之間，尚有一氣的存在，而成其較特殊的心、性、氣的義理架構。

〔註45〕《文集》，卷十三，頁 4。
〔註46〕前引書，卷八，頁 21。
〔註47〕《傳習錄中》，〈答顧東橋書〉，頁 69。
〔註48〕《文集》，卷八，頁 4。
〔註49〕前引書，卷十七，頁 43。

第四節　心性氣的三分與合一

一、心性氣三分

甘泉其論心性之精義，俱在〈心性圖〉與〈心性圖說〉中，以下便附其圖、引其說，並釋其義。

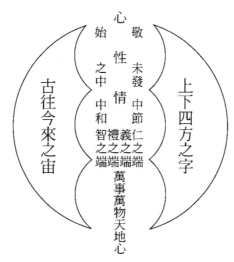

性者，天地萬物一體者也，渾然宇宙其氣同也。心也者，體天地萬物而不遺者也。性也者，心之生理也，心性非二也，譬之穀焉，具生意而未發，未發故渾然而不可見，及其發也，惻隱、羞惡、辭讓、是非萌焉，仁義禮智至此焉始分矣。……曰：「何以小圈？」，曰：「心無所無貫也。」，曰：「何以大圈？」，曰：「心無所不包也。」，包與貫實非二也。故心也者，包乎天地萬物之外，而貫乎天地萬物之中者也，中外非二也。天地無內外，心亦無內外，極言之耳矣。〈心性圖說〉〔註50〕

由上述圖中，可見心、性、情、物皆在此一大圈之內，其皆為渾然一氣之所生，皆為一體，此正代表甘泉「宇宙渾然一氣」的氣化觀。其次，甘泉之「心」的範圍最廣大，包容含攝萬事萬物、宇宙天地，所謂「體天地萬物而不遺者」，而性與情亦包含在其中。故甘泉之心雖同於朱子，是由形氣之知覺論，但其範圍實較朱子為廣大，即朱子之心，只能認知萬物、統攝性理，卻無法包含

〔註50〕《文集》，卷二十一，頁1。

性理,而甘泉則不僅能認知事理,更能進一步包容性理,此其最大之不同。

　　甘泉之「性」,則位居圖中之最上層,乃是心與天地萬物之價值本體,所謂「天地萬物一體者」。「性」雖爲本體義,但居於「心」之內,與心實爲一體之氣,只在其中正與否的性質差異耳,故曰:「心性非二」,由圖中可清楚看出甘泉之心性關係,其所謂既爲一體,而又有別的狀態是如何。

　　最後,是心、性與萬事萬物的關係,即心以萬事萬物爲範圍,而性理亦在心體察於萬事萬物之間呈現,故形下之氣實爲性理呈現的必要條件,若徒守其心則只爲空知而已,此爲甘泉將形下之萬事萬物,亦歸入於〈心性圖〉的架構之內的原因。而當心只順隨知覺爲形氣之私時,則性體爲未發之中;若至於中正之理時,則性體便發而爲仁義禮智四端之情。

　　故甘泉〈心性圖說〉的架構,層次分明:無所不體察的認知心、心與天地萬物之本體的性與體察的對象,萬事萬物之氣,及其所發之情,就其居於不同層次言,可說甘泉是屬「心、性、氣三分」之格局,此所以心、性、氣分屬不同之圓圈之故。

二、心性氣合一

　　甘泉「心、性、氣三分」之格局,在〈心性圖〉中雖分屬不同之三圈,但圈與圈之間,卻不是相互獨立,互不干涉,而是有所聯繫的,此中發生關聯的基礎在於「氣」,而會通的關鍵便在「中正」之義上。

　　蓋此〈心性圖〉本來自渾然一氣之所生,心爲形氣之知覺,性爲氣之中正者,情爲所發之惻隱、羞惡四端之心,而萬事萬物更爲渾然一氣之所生化。故言此圖中各圈相聯繫之基礎在氣,即是此義。

　　雖然心性情之各層次同屬一氣,但卻屬不同的狀態,而其會通的關鍵便在「中正」之義上。所謂形氣之知覺屬心,而心之得其中正即爲性,性乃發而爲仁義禮智之眞情,但心並不能直接在虛靈知覺中,自反自覺以復其性,而必待心之應於事物,始得體其中正之性理,而呈現出仁義禮智之道德規範。故甘泉云:「蓋心與事應,然後天理見焉,天理非在外也,特因事之來,隨感而應耳。故事物之來,體之者心也,心得中正則天理矣。」,〔註51〕此乃甘泉〈心性圖〉必含萬事萬物在內之故。是以在「中正」之處,此圖中心、性、

〔註51〕《文集》,卷七,頁28。

情、物各圈是相貫爲一體的，此乃各圈雖有別而又相聯繫之處，故在「中正」之理處，心與形下之萬事萬物合一于性理，是爲「心性氣合一」的義理型態。

　　甘泉云：「夫心非獨知覺而已也，知覺而察知天理焉，乃爲心之全體。」〔註52〕觀此可知甘泉論心，實則有兩個層次：一、是形氣之虛靈知覺的認知心；一、是體物而契于中正處，即所謂「察知天理」者，是爲德性心的性理。而由以上之析論中，「心性氣三分」代表的是第一個層次，屬形氣之知覺者，而「心性氣合一」則代表第二個層次，屬德性義之性理者，此爲甘泉心性論的義理特色。

第五節　甘泉「心性論」的比較與意義

　　甘泉〈心性氣三分與合一〉的心性論主張，可謂既有朱子心性論的影子，又具陽明心學的宗旨，但與二家又有不同。蓋朱子心性論的特色是「性即理」，性爲氣之所以然之理，心爲形氣之知覺，「心性爲二」，心與性之間沒有必然地聯繫，心透過「格物致知」的方式去認識性理，使心得依循性理之規範發而爲善，是爲「心性情三分」之型態。

　　甘泉的心性論，在第一層次的階段「心性氣三分」，顯然有吸收朱學「心性情三分」的思想，在此時心亦如朱子，爲形氣之知覺，而性則爲未發之中，氣則是有待於體察之事物，心、性、氣三者性質各異，層次分明，是同於朱子屬認知的型態。但甘泉至於第二層次「心性氣合一」的階段，則便不同於朱子，即心體察於事物，而得其中正之理時，心即是性，心與氣皆合一于性，性理貫於心物之間而爲一體。因此甘泉心性關係，不同於朱子「心性爲二」的僵固，以其間有聯繫的基礎在氣，而其性質的轉變在氣之中正，故甘泉的心性關係較朱子靈活，且亦具能動性，而能生發仁義禮智四端情。

　　但和陽明「心即理」的比較，甘泉之說又顯得曲折得多。蓋陽明以「良知，只是一個天理自然明覺發見處，只是一個真誠惻怛，便是他本體。」〔註53〕故由一念之爲善去惡，即可致其良知，可謂簡易直捷，而甘泉則始由「心性氣三分」以至於「心性氣合一」，但「心性氣合一」仍不能說「心即理」，以其缺乏「氣」之體察之故，所謂「心即理，似欠明……即心而事物在，即事而理在，

〔註52〕《文集》，卷七，頁51。
〔註53〕《傳習錄中》，〈答聶文蔚書〉，頁109。

乃爲完全也。」，〔註54〕故甘泉之說似較陽明爲曲折。雖然在路徑上各有不同的
主張，但二家最後皆歸結于一德性的主體上，故在最後之宗旨處，甘泉之說與
陽明心學的主張是殊途同歸的。

　　由以上朱、王二家的比較中，可發現甘泉心性論的內容，是既有吸收朱
學「心性情三分」的架構，而又有王學「心即理」的宗旨。由於有朱學的架
構，所以理論層次分明、心性氣定義明確、理論體系嚴謹清楚，確有助於江
門之學理論系統的建立，也由於有心學的宗旨，故最後仍以德性心爲主體而
一以貫之，使其在心學的開拓上，亦有其貢獻。可以說甘泉心性論的特色，
表現出兼容朱學與王學的色彩。

〔註54〕《文集》，卷八，頁 17。

第五章　修養論

第一節　立　志

　　甘泉弟子周道通歸結甘泉之學，曰：「先生之教，惟立志、煎銷習心、體認天理三言者，最為切要」，〔註1〕甘泉亦首肯其說，而云：

　　　　此只是一事，天理是一大頭腦，千聖千賢共此頭腦，終日終身只此
　　　　一大事，立志者，立乎此而已，體認是功夫，以求得乎此者，煎銷
　　　　習心以去害此者。〔註2〕

甘泉之修養工夫的內容，主要是「立志」、「煎銷習心」與「體認天理」，而其目的只有一事，即使心體其氣之中正而使天理呈現，故曰「終日終身只此一大事」，明白於此，便可知其工夫皆是為此目的而發，立志是志於天理，體認是合一於天理，而煎銷習心則是去其蒙蔽天理之障礙以廓清的工夫。

一、志於天理

　　甘泉云：「聖學莫先於立志，立志莫先於見大，見大者非他，即天理者，天理者非他，即吾心之本體。」，〔註3〕此語乍見之下，似與陸王心學「先立其大者」同一口吻，實則其義並不相同。

　　蓋甘泉之所謂「見大」，並非如陸王由立其本心良知之大契入，而是較近

〔註 1〕《文集》，卷八，頁 1。
〔註 2〕同註 1。
〔註 3〕《聖學格物通》，卷三，頁 9。

於朱子，是認知意義上的「見大」，是先去認知天理之大，再以之爲吾心之本體，知陸王先自覺心之本體，再以之爲天理，二者的途徑是不同的。

> 吾之所謂立志者，異乎人之所謂立志。人之所謂立志者，謂有必爲聖人之心，吾之所謂志者，即孔子所謂「志于道、志于學」，則志必有實功教人入途轍去。〔註4〕

甘泉在此清楚的表明其「立志」，和一般「必爲聖人之心」是不同的，所謂「必爲聖人之心」，即孟子「人皆可以爲堯舜」，〔註5〕此乃從吾人之本心良知與聖人同而言，唯在人自反自覺其良知主體。

甘泉於孟子之說顯然不契，他認爲「立志」當必有「實功」以教人，即「志于學，志于道」，故言甘泉立志之說是一種認知義的學習，與朱子所云：「學者只是立得志定，講究得義理分明。」〔註6〕確是很相近。

二、學問思辨之功

甘泉云：「立志而後學問思辨焉以成之」，〔註7〕是可見立志的實功，正在學問思辨篤行處，由義理的講求，可以開拓其心知，去其愚昧，更進而警發其內在之性理。

> 人爲氣習所蔽，故生而蒙，長而不學則愚，故學問思辨篤行諸訓，所以破其愚，去其蔽，警發其良知良能者耳，非有加也哉。〔註8〕

甘泉在此借用孟子「良知良能」之說，以爲本體義，但其路徑與孟子、陽明之說並不同，蓋孟子由孩提之童無不知親親、敬長中，指點出人性中所具「不學而能、不慮而知」的良知良能，以爲人之所以爲人的德性根據；陽明則由人心之眞誠惻怛中，指出良知本體，其皆直由德性心契入，直由「反身而誠」、直由一念善惡之自覺以致良知。

甘泉雖然也以復其「良知良能」爲目標，但其路徑顯然不同。它是由認知心契入，以學問思辨之功，去其氣習之蔽、開其心知之愚，而後方能進一步「警發其良知良能」，以其中間尚有一種「體認」的過程。

因此可說甘泉的修養工夫，正是主張透過認知心的學習，而使德性心呈

〔註4〕《文集》，卷十，頁3。
〔註5〕《孟子》，〈告子下〉，頁174。
〔註6〕《朱子語類》，卷八，頁134。
〔註7〕《文集》，卷三，頁7。
〔註8〕前引書，卷七，頁25。

現的過程，這樣的用意，在甘泉詮釋孟子「求放心」之說時更明顯透出。

> 求放心者，學問而已矣。何謂學問？博學、審問、愼思、明辨、篤行
> 皆是，學問所從事於斯者無他，求放心之道，在此而已矣。知以開其
> 心，行以恆其心，知行並進，決其明，去其蔽，而放心自存。〔註9〕

孟子云：「仁，人心也；義，人路也，舍其路而弗由，放其心而不知求，哀哉。……學問之道無他，求其放心而已矣。」，〔註10〕是孟子以爲學問之目的，即在「求其放心」而已。所謂「放心」便是被習氣障蔽之仁義禮智四端之心，此乃一切學問的根本。

但甘泉卻將這句話顚倒過來，而云：「求放心者，學問而已」，似是有意而發，使得重點不再落於本體上，轉而強調工夫的重要。透過博學、審問、愼思、明辨的學習，篤行的實踐，知行並進，方能「覺其明，去其蔽」，而後認知心方能體其中正之理，轉而爲德性心之本體以自存。

> 學問、思辨、篤行則將何求矣？……求自得斯而已矣，求斯心而已矣，
> 求其知而已矣，求體乎天之理而已矣，求復乎天者而已矣。〔註11〕

可見甘泉學問思辨之功，不徒然只具認識義理的作用，更是體乎天之理、復乎天之本體的必要途徑，故學問思辨最重要的目的，仍是重在回復德性本體。這點和孟子、陽明的主張並無二致，只是其所達致的路徑不同罷了。蓋對孟子、陽明而言，良知復明的工夫，是直接落在此心一點之靈明上用力，和學問思辨並無必然關係；但對甘泉而言，天理之本體要復明，卻必待學問思辨的「警發」不可，這是二者最大的歧異點。

第二節 煎銷習心

「立志」是一種積極去把握天理的工夫，「煎銷習心」則可算是消極去除天理之障蔽的功夫，所謂「煎銷習心以去害此〈天理〉者」，〔註12〕至於何謂習心？甘泉云：「習心即人心，心只是元一個好心，其不好者習耳。」，〔註13〕因此習心可謂是人心之積習私欲，有此積習私欲之障蔽，則認知心即無由清

〔註9〕 前引書，卷二十，頁19。
〔註10〕 朱熹，《四書集註·孟子》，〈告子上十一〉，頁168。
〔註11〕 《文集》，卷十七，頁43。
〔註12〕 前引書，卷八，頁1。
〔註13〕 《文集》，卷六，頁4。

明以體天理，是以心之本體乃不得復明，其爲害如此。故有待於「煎銷」，使積習私欲盡，而後本體方明。

> 煎銷習心，……如煎銷鉛銅便是鍊金，然必須就爐錘乃得煉之之功，今之外事以求靜者，如置金於密室，不就爐錘，雖千萬年也，只依舊是頑雜的金。〔註14〕

甘泉言「煎銷習心」，反對「外事以求靜」者，乃針對白沙「靜坐」及陽明工夫，落在意念的爲善去惡上以致良知而言。甘泉以爲此皆徒然求靜者，故主張要在實事實務上錘煉，去其鉛銅之雜，方能得其眞金。陽明也有所謂「成色分兩」之說，〔註15〕但其主要強調聖之所以爲聖，主在得其金之成色，即在復其良知，而不在分兩之多少，蓋陽明所要說明者在聖人的本質，當以德性爲主體，才力多少與否，則量力而爲。二者皆借精金爲喻，陽明顯然重在本體義的把握，而甘泉則強調在工夫義的煎銷。

> 體認天理乃煎銷習心之功夫，蓋天理與習心相爲消長，養得天理長一分，習心便消了一分，天理長至十分，習心便消至十分，即爲大賢，熟而化之即是聖人。〔註16〕

因此「煎銷習心」最後的歸結處，仍是在體認天理，習心化盡則皆爲天理之呈現，而在煎銷習心的方向下，其內容有「寡欲」、「全放下」等的主張。

一、寡　欲

孟子曰：「養心莫善於寡欲」，〔註17〕是「寡欲」的主張，早由先秦儒家所提出，藉由降低人欲的干擾，以凸顯德性心之呈現，至於伊川又云：「事皆有理，至其理乃格物也，然致知在所養，養知莫過於寡欲二字。」，〔註18〕則伊川是將寡欲的功夫，運用於心之認知事理上，使認知心排除人欲之干擾，而得專注於格物致知。

甘泉言寡欲，乃承於伊川，而又有所不同。其云：

> 所謂養知，非是只養他這一點靈覺知識，乃養其所知之實理，程子曰：

〔註14〕《明儒學案》，〈甘泉學案一〉，卷三十七，頁893。
〔註15〕《傳習錄》，卷上，頁45。
〔註16〕《文集》，卷十，頁1。
〔註17〕朱熹，《四書集註‧孟子》，卷七，〈盡心下三六〉，頁215。
〔註18〕《二程集》，〈外書〉，卷二，頁365。

「養知莫善於寡欲」，欲乃害天理者也，克己即所謂寡欲也。〔註19〕

　　「致知在所養，養知莫過於寡欲」，夫以涵養寡欲言格物，則格物有

　　知行之實，非但聞見之粗矣。〔註20〕

甘泉認同伊川之說，「寡欲」亦是落在「養知」處講，由克去私欲之擾，以復其認知之清明凝斂，但克己寡欲對甘泉而言，不僅止於心體上私欲廓清的意義，最重要是廓清之後，要進一步合一於天理，以成其德性生命之主體。

　　因此甘泉要強調，其所養並非只是一點「靈覺知識」而已，此顯然是針對陽明所謂「到得無私可克，自有端拱時在」，〔註21〕即克去己私，良知之本體自明的說法，甘泉則以為此乃不過是「靈覺」而已，尚不足以之為本體，以其尚欠一段「體認」之過程。

　　甘泉「寡欲」的目的，在「養其所知之實理」，此「實理」並非是指成就知識而言，而是指成就德性，天理在實事實務之中，故涵養寡欲之認知心必及於格物始有意義，故甘泉之格物義亦不盡同於伊川、朱子以知識義為主，其最終目標仍是在成就道德、呈現天理，此所以甘泉要重申其「有知行之實，非但聞見之粗」的原因。因此甘泉對伊川「養知莫善於寡欲」這句話的詮釋是有所新義的。

二、全放下

　　「全放下」乃初時白沙告甘泉語，曰：「此學非全放下，終難湊泊」，甘泉「遂焚部檄，獨居一室」，而悟「隨處體認天理」之旨。〔註22〕故「全放下」之說，可謂是一去其情識之執，以清明心體的工夫，故亦歸於屬消極面，去蔽作用的煎銷習心之下。

　　　近見先生〈甘泉〉有全放下之說，甚是活法，今人有心心意意逐在
　　　事物，欲周旋天下事者，彼亦自以為得，殊不知此心高明廣大之體，
　　　既為所累，事至物來，反有不能周旋者，不若全然放下，使此心常
　　　高常明，常廣常大，隨感而應，自然事事物物各有條理，……〈甘
　　　泉〉云：「非全放下，終難湊泊，前輩有此說，白沙先生亦嘗道之，

〔註19〕《文集》，卷八，頁21。
〔註20〕前引書，卷十七，頁21。
〔註21〕《傳習錄上》四二，頁24。
〔註22〕《文集》，卷三五，洪垣撰〈墓誌銘〉，頁9。

此與勿忘勿助二勿字通，才放下便天理呈露。」〔註23〕

甘泉弟子由人之逐於事物，使心有所累而不得自由處，言當全然放下，以復此認知心之清明，以察識事物周旋無礙。甘泉則進一步言「全放下」之作用，即與「勿忘勿助」之二「勿」字相通，皆屬一去執去蔽的功夫，但此「全放下」與佛氏去其耳目情識之說又有不同。

意必固我既亡之後，必有事焉，明道之學至矣。彼佛氏豈不云意必
固我之亡，然而不知必有事焉，其諸異乎聖人之學矣。〔註24〕

儒家的德性之學與釋氏的修養工夫，皆主對見聞情識的障蔽有所超越，只是儒家在放下意必固我之私後，所呈現的是德性心爲主體，而釋氏在放下意必固我之私後，所呈現的是屬佛性的清淨心。因此不能說佛氏沒有「必有事焉」，只是其所事並非儒家之天理而已。

甘泉的「全放下」之說，雖是以德性之天理義爲主體，但其始卻是由認知心契入，這和儒家傳統心性之學的路徑不同。雖其亦云：「才放下便天理呈露」，〔註25〕但其實義恐非如此直捷，以其放下之後，所得者只是認知心之清明無礙而已，並不能直接突顯出德性主體來，而是有待於事物之體認，當心物契於中正之處時，天理方得以呈現，這是甘泉之說較爲曲折之處。

道、心、事合一者也，隨時處事何莫非心，心定則何動非靜，隨處
體認則端倪隨現，何必靜養，若見天理則隨處灑落，即是全放下，
更無他求。〔註26〕

清明之認知心，是隨時隨處、隨動隨靜，無所不照察的，當心與物對，契於中正之處，則天理之「端倪」隨現，而心物遂合一於天理處，是爲「道心事合一」。故當心事合一於天理時，便無一毫人欲之私，則無處不灑落，甘泉於此亦言「全放下」，則可說此乃本體層意義的「全放下」。

第三節　隨處體認天理

黃宗羲云：「先生（甘泉）與陽明分主教事，陽明宗旨致良知，先生宗旨

〔註23〕前引書，卷二十三，頁13。
〔註24〕前引書，卷三，頁9。
〔註25〕前引書，卷二十三，頁13。
〔註26〕前引書，卷七，頁30。

隨處體認天理。」，〔註27〕故「隨處體認天理」乃甘泉論學宗旨所在。

　　蓋甘泉之學即以「天理」爲頭腦，天理是最高的價值本體，其具客觀性且普遍具存於萬事萬物之間，所謂「天理二字，不落心事，不分內外」，〔註28〕故甘泉之天理義，非如朱子以「氣之所以然」爲理，而在氣之外，亦非如王學是立基於良知。它遍存於天地萬物，以天地萬物之中正處爲理，故須強調「隨處」之普遍義，甘泉曰：「天理無內外，……吾之所謂隨處云者，隨心、隨意、隨家、隨國、隨天下，蓋隨其所寂所感時耳，一耳。」。〔註29〕

　　天理雖遍存於「隨處」，但體之者唯心，故由心之認識作用言「體認」之義，「體認」不徒然僅有認知的意義，更重要是其具有德性〈天理〉的內涵。

　　　體認屬知乎？屬行乎？曰：「知行非二也，知而弗去，行也。故體認
　　　有體貼之義焉，有察識之義焉，其知止定靜安慮，此知行兼進，乃
　　　其功也。」〔註30〕

　　　涵養而知者，明睿也；問學而知者，窮索也，明睿之知，神在內也；
　　　窮索之知，明在外也。明睿者德性，德性則可以入聖矣。窮索者思
　　　慮，思慮則可以入賢矣。〔註31〕

甘泉所謂「體認」之義，是較爲曲折而特別的，由心之認知作用言，自有「察識之義」以認知事理，但心之體認又具有「體貼之義」的涵養，而此義顯然和向外認知事理的察識是不同的內涵，而甘泉卻將此二義兼攝於「體認」之義中，這其中實則有一番曲折的轉化。

　　　蓋心與事應，然後天理見焉，天理非在外也，特因事之來，隨感而
　　　應耳。故事物之來，體之者心也，心得中正則天理矣。〔註32〕

　　首先，天理的呈現，須待心之體察事物然後見，天理本身是一德性的內涵，但它的凸顯卻須待認知的方式去啓發、喚醒，這便是體認天理的「察識」義；至於心與物契於中正處，則心物便合一於天理，便能警發天理而發用，便隨感而應，此時則爲德性心的內涵，是爲體認天理的「體貼」義的涵養。

　　實則甘泉對由「涵養而知」的德性，與「問學而知」的知性，是能清楚

〔註27〕《明儒學案》，〈甘泉學案序〉，卷三十七，頁876。
〔註28〕《文集》，卷七，頁59。
〔註29〕前引書，卷七，頁25。
〔註30〕前引書，卷二十二，頁19。
〔註31〕前引書，卷二，頁6。
〔註32〕《文集》，卷七，頁28。

的分別其分屬不同的範疇，因此甘泉可說是有意結合德性與知性，使二者相互會通。故其曾云：「自一念之微，以至於事為講習之際，涵養致知一時並存，乃為善學也。」，〔註33〕至於二者能否會通？則是另一個問題，但甘泉確是有意在義理上嘗試其結合的可能性。

故「隨處體認天理」便是這項嘗試下的主張，天理是最高的本體且隨處而在，體認天理的作用在心，心由認知的方式去察識，最後契於中正之處而涵養，由認知心轉化為德性心。在這轉化的過程中，有豐富的內容，以下分述之：

一、勿忘勿助之間

白沙云：「此理干涉至大，無內外，無終始……正在勿忘勿助之間」，〔註34〕只是白沙並沒有進一步說明「勿忘勿助」的內涵，其究是屬本體義？抑是屬呈現本體的工夫義？甘泉則將其做為工夫義來解，而云：「說勿忘勿助之間便是天理，則不可；勿忘勿助之間，即見天理耳。」，〔註35〕因此「勿忘勿助之間」，可說是認知轉化的工夫，即認知心必須經由「勿忘勿助之間」的過程，才能進一步呈現天理。

> 勿忘勿助之間，正如規矩一般，欲為方圓者，必由規矩，欲見中道者，必於勿忘勿助之間，千聖千賢皆是此路。〔註36〕

> 勿忘勿助之間，心得其中正時，安即是天理矣，譬如明鏡方正時，乃照得本相，歪鏡塵鏡安得本相。〔註37〕

所謂「中道」者，即天理，因此「勿忘勿助之間」與天理的關係，如上述「勿忘勿助之間，即見天理」，而今亦言「欲見中道者，必於勿忘勿助之間，即見天理」，是可謂甘泉「勿忘勿助」之說，不作本體義解，而作呈現本體的功夫義解，甘泉並自信的以之為呈現德性主體的必然途徑。

至於認知心如何轉化？甘泉亦在此點出其中關鍵，就在於「心得其中正時，安即是天理」這句話，此「安」乃指心之中正而言，與陽明所謂良知之安不同，而是指認知心之照物時，得其中正之理，而合一於天理時，此時為

〔註33〕《文集》，卷七，頁 7。
〔註34〕《陳白沙集》，卷三，頁 22。
〔註35〕《文集》，卷九，頁 27。
〔註36〕前引書，卷二十三，頁 12。
〔註37〕前引書，卷七，頁 43。

德性心，此心之安即爲天理。

故「勿忘勿助之間」的內容，便是使此心止於中正的狀態，即唯明鏡方正，方得照得本相〈天理〉，若有所偏頗，則爲歪鏡塵鏡而照不明矣。

（一）存中以應外、制外以養中

甘泉在《四勿總箴》論工夫義，云：「予以四箴，存中以應外，制外以養中」，〔註38〕所謂「四勿」者即「非禮勿視、非禮勿聽、非禮勿言、非禮勿動」，甘泉曰：「勿之勿之，則誠敬立，成性存存而道義出焉。」，〔註39〕蓋視聽言動是對外物的體察，而在此外界之交誘下，能不偏不倚而止於中正，並秉此中正以對應於外，即甘泉倡四勿工夫之旨。故「勿忘勿助之間」其主要內涵即是「存中以應外，制外以養中」。

> 體認天理其體中乎？先生（甘泉）曰：「吾只有一虛心在耳。心虛而中見，猶心虛而占筮神。落意識、離虛體、便涉成念之學，故予體認天理，必以勿忘勿助，自然爲至。」〔註40〕

甘泉所謂「中正」究何所指？抑其爲一硬性的僵化規範？甘泉進一步言其實則爲一「虛心」而已，所謂「心本無物故謂之虛，……無物而虛則見心之本體」，〔註41〕故所謂「中正」，並不是一硬性的教條，而是不著於一物的清明靈覺。因此甘泉是以心體在這樣清明靈覺的狀態，而名其爲「中正」、爲「勿忘勿助之間」，心體也唯有在此「中正」之時、在此「勿忘勿助之間」方得以轉化。

（二）知 幾

濂溪云：「動而未形有無之間者，幾也」，〔註42〕乃是就誠體之感通處言；甘泉則就「勿忘勿助之間」而言「知幾」。

> 問：「勿忘勿助之間，其知幾之學乎？孔子之不怨不尤、顏子之不遷不貳，皆有得於此也，其至易而至難者……」（甘泉）：「最好，明道下一『間』字，便是幾，知幾其神乎！」〔註43〕

甘泉云：「視聽言動之感於物也，如迅雷然，非天下之明健，其孰能勿之。」，

〔註38〕前引書，卷二十一，頁21。
〔註39〕同註38。
〔註40〕《文集》，卷二十三，頁53。
〔註41〕前引書，卷二十二，頁18。
〔註42〕曹端，《通書述解》，〈聖第四〉，卷上，頁12。
〔註43〕《文集》，卷十一，頁17。

〔註44〕所謂「幾」者即在心與物應之際，相互感通的作用，而得其天理中正之時。故甘泉又云：「此中正之規，天理自然之體，不離乎勿忘勿助之間，握其幾者誰乎？心也。」，〔註45〕因此「勿忘勿助之間」以內容來說，其爲「存中以應外、制外以養中」的清明靈覺，而由轉化的契機處言，則「勿忘勿助之間」就是一個「幾」。而「知幾」的作用，便是使此心中正之規，轉爲天理自然之體的工夫。

「知幾」的主張，後爲弟子洪垣所承，而加以強調。洪垣云：

> 所謂體天理者，豈是事物上推求？豈是意念上展轉？只從生幾上時時照察。幾是，則通體皆是；幾非，則通體皆非。蓋幾者，性情之流行，通乎知行而無息者也。〔註46〕

「幾者，性情之流行，通乎知行而無息者」，即言「幾」是透過知與行的照察，即是認知心的體察與感通處，化作天理之性體，而發用不息。故認知心的「察識」，轉化作天理的「體貼」，其關鍵便在於「知幾」。

（三）自　然

甘泉以爲認知心的察識，經由「勿忘勿助之間」的轉化過程，而爲天理之生發，其本身是「自然而然」、「無絲毫人力」強求的。

> 勿忘勿助功夫，說得容易，下手到自然處甚難，須調停習熟後始得。〔註47〕

> 勿忘勿助……此是聖賢心學最精密處，不容一毫人力，故先師石翁又發出自然之說，至矣。聖人之所以爲聖，亦不過自然。〔註48〕

甘泉的「自然」，顯是落在功夫義上，其「調停習熟」處，便自然地由認知主體轉化爲德性主體之發用，故曰「此是聖賢心學最精密處」。至於白沙所謂「自然」之說，是否即甘泉之義呢？白沙曾對甘泉云：「古之善學者，常令此心在無物處，便運用得轉耳。學者以自然爲宗，不可不著意理會。」，〔註49〕則白沙似是就本體之灑落無物言，而不是就「勿忘勿助」之說、就心之轉化處言「自然」。

〔註44〕前引書，卷三，頁5。
〔註45〕《文集》，卷十七，頁81。
〔註46〕《明儒學案》，〈甘泉學案三〉，卷三十九，頁937。
〔註47〕《文集》，卷十一，頁10。
〔註48〕前引書，卷七，頁30。
〔註49〕《陳白沙集》，〈遺言湛民澤〉，卷二，頁63。

（四）甘泉與陽明就「勿忘勿助」與「必有事焉」的論辨

　　由以上的說明中，可以了解甘泉「勿忘勿助之間」主要是就心體之轉化而言，其內容爲「存中以應外，制外以養中」，由對外之察識與涵養，以至於心之中正清明，而此中正之態，實則只是一不著一物之「虛心」而已，以此「虛心」時時照察，在心物感通之際，便在「幾」處自然地轉化作天理，既非是逐事物之理而來，亦非是逞知覺之意念，是天理流行下自然而然的生發。此乃甘泉「勿忘勿助之間」的工夫內容。

　　故甘泉以爲若要體認天理，便必要經由「勿忘勿助」的過程，所謂「欲見中道者，必於勿忘勿助之間」，是以必強調「勿忘勿助，乃所有事之工夫」，〔註50〕即必先經「勿忘勿助」，使心清明的工夫，而後方能「必有事焉」使應事接物皆合乎中道。但這樣的看法卻遭致陽明的批評，陽明云：

> 我此間講學，卻只說個「必有事焉」，不說「勿忘勿助」。「必有事焉」者，只是時時去「集義」，若時時去用「必有事」的功夫，而或有時間斷，此便是忘了，即須「勿忘」；時時去用「必有事」的工夫，而或有時欲速求效，此便是助了，即須「勿助」，其工夫全在「必有事焉」上用，「勿忘勿助」只就其間提撕警覺而已。〔註51〕

陽明以爲「必有事焉只是集義，集義只是致良知」，〔註52〕故「必有事焉」乃就復其良知本體而言，先立其本心之良知，或有時而散逸，便須有所提振，此爲「勿忘」；或有時把持太過，則便須自然灑落，此爲「勿助」。故陽明必主先「必有事焉」以立其良知，以發用於日用事物，而後再「勿忘勿助」，以保任此良知之無過與不及。

　　因此陽明批評甘泉之說，云：「今卻不去『必有事焉』上用工，而乃懸空守著一個『勿忘勿助』，此正如燒鍋煮飯，鍋內不曾漬水下米，而乃專去添柴放火，不知畢竟煮出個甚麼物來？」，〔註53〕對陽明而言，甘泉之說是無本之學，故譏其不曾漬水下米，卻盡去添柴放火。甘泉立即回應道：

> 惟求必有事焉，而以勿忘勿助爲虛，陽明近有此說，見於〈與聶文蔚侍御〉之書。而不知勿正勿忘勿助，乃所有事之工夫也，求方圓

〔註50〕《文集》，卷八，頁24。
〔註51〕《傳習錄中》，〈答聶文蔚書〉，頁107。
〔註52〕同註51。
〔註53〕同註51。

必於規矩，舍規矩則無方圓，舍勿忘勿助則無所有事而天理滅矣。
〔註54〕

甘泉再次重申「勿忘勿助」的作用，即認知心之體認天理，必須經由「勿忘勿助」的過程，以養其中，以虛其心，而後知其幾，進而在自然而然之下，呈現天理，轉爲德性心的發用。故甘泉以規矩與方圓作喻，規矩雖非方圓，但欲成其方圓，卻必待於規矩之助而得，同理，「勿忘勿助」只是工夫，並非天理本體，但天理本體的呈露，卻必待「勿忘勿助」之功。因此甘泉必云：「舍勿忘勿助，則無所有事而天理滅矣。」，正言「勿忘勿助」對天理呈露的重要作用。

甘泉之說與陽明之間的差異，在甘泉與其弟子（元德）的對話中，可更清楚看出其間的不同。

> 元德問：「本體工夫只是一眞切，如良知良能是一個天然本來之心，隨感發而存存焉，過了一毫便不可，忽了一毫便不可，此之謂勿忘勿助之間，乃眞切之至也。今之爲勿忘勿助之學者，吾惑焉，率不得眞切體，而徒漫焉爲之，是惡得爲勿忘勿助之學。」〔註55〕

陽明曰：「良知只是一個天理自然明覺發見處，只是一個眞誠惻怛，便是他本體。」，〔註56〕元德在此以「眞切」名良知本體，可謂是受了陽明之說的影響，而其所質疑的理由，亦與陽明如出一轍，主張先自眞切中立其本體，而不該先由「勿忘勿助」入手。甘泉答云：

> 須於勿忘勿助之間，停停當當，乃見眞切，眞切即天理本體也，今乃反於眞切上求勿忘勿助之功，則所謂眞切者，安知不爲執滯之別名耶？吾非不傳，子自不習於勿忘勿助體認天理之功，尚未見眞切，未見得力，欲以箴時之弊，是反戈也。〔註57〕

對陽明而言，「眞切」是來自於良知當下的眞誠惻怛，但對甘泉而言，雖然甘泉亦認同「眞切即天理本體也」，但眞切本體的呈露，必待於「勿忘勿助之間，停停當當」乃見，這是二者最大的不同。是以甘泉反批陽明當下所得之「眞切」，恐怕只是一執滯而已，並非眞切本體。

〔註54〕《文集》，卷八，頁24。
〔註55〕前引書，卷九，頁25。
〔註56〕《傳習錄中》，〈答聶文蔚〉，頁109。
〔註57〕同註55。

　　比較甘泉與陽明之論辨，可看出二家之著眼點實不同。蓋陽明自始至終都是落在良知本體的發用講，「必有事焉」爲「集義」，爲「致良知」，「勿忘勿助」則是就本體之提振與灑落處講，使勿陷於放逸與把抓，故必先主「必有事焉」之發用，而後輔「勿忘勿助」之提撕警覺，從陽明「致良知」之立場，是必然如此主張。

　　甘泉的天理本體則無法在當下自立，而必使認知主體經由「勿忘勿助之間」的過程，方得以呈露天理，以轉化作德性主體。因此甘泉「勿忘勿助」之說，不是針對本體的放失或把持太過而言，而是就經驗層的認知心，如何止於中正清明之虛心，以進一步轉化爲天理而言。故甘泉必主先「勿忘勿助」以存其中，而後「必有事焉」乃見天理，因此說二者的歧異，在著眼點的不同。〔註58〕

二、執事敬

（一）敬義合一

　　甘泉「隨處體認天理」一旨，也吸收了朱學「主敬」的工夫，但其義卻有所不同。蓋甘泉是自天理之體得與發用處論「敬」，在其〈心性圖說〉與〈四勿總箴〉中言道：

> 此二圖乃聖學工夫，至切至要，至簡至易處，總而言之，不過只是隨處體天理，……學者茍能因前圖而知天地萬物一體之道，而吾心即天地萬物之心，而敬生焉，是故能知所有矣。又因後圖而知圖之所謂敬，不越乎後圖視聽言動之皆心，心皆天理而非知覺運動之謂心，則必視以心、聽以心、言以心、動以心，……勿之勿之，則誠敬立，成性存存而道義出焉，是故能養所有矣。〔註59〕

甘泉在〈心性圖說〉中論「敬」，云：「始之敬者，戒懼愼獨以養其中也，中立而和發焉，萬事萬物自此焉，達而位育不外是矣。……終之敬者，即始之敬而不息者也。」，〔註60〕此可作爲上述這段話的宗旨，即甘泉之「敬」乃貫於始終內外，外在事物的致知察識曰敬，所謂「能知所有」也，內在天理之涵養發用亦曰敬，所謂「成性存存而道義出」，是「養所有」也。故甘泉曰：

〔註58〕喬清舉，《湛若水哲學思想研究》，頁 139，其以爲陽明的「勿忘勿助」，乃是對本體的功夫，而甘泉的「勿忘勿助」，則是對後天經驗之心的功夫，亦近此說。
〔註59〕《文集》，卷二十一，頁 3。
〔註60〕前引書，卷二十一，頁 1。

「敬合始終內外之說最妙」。〔註61〕

> 敬是功夫，亦是心體之存存惺惺處，存存惺惺時便昭昭而明，明即
> 是明德之明，何必言用？文公言放下這個敬不得，都似二物也。殊
> 不知心體存存惺惺便是敬，敬與心是一物，何必言放下。〔註62〕

甘泉云：「以敬爲道則不可，求道而不以敬，則不足以得之。」，〔註63〕此乃
以「敬」作爲體道的工夫義，但「敬」不徒然只是一工夫，正如前所述，「敬
是貫於始終內外」的，即體道前的致知，可視作工夫，體道後的存養發用，
卻是就本體而言，即此所謂「心體之存存惺惺處」，而此「敬心」即是天理本
體，是一物，不再只是體道之工夫。正因「敬」義具有這樣的特色，所以甘
泉才一方面既強調「求道而不以敬，則不足以得之」的工夫義，一方面又言
「敬之敬之，將與理一矣，夫何二。」〔註64〕的本體義的原因。

> 敬以直內，義以方外，兩句只是一段工夫，在心爲敬，應事爲義，
> 合內外之道也。當敬直時，義涵於敬，當義方時，敬行乎義，原非
> 二物，後面敬義立而德不孤，立字即敬義合一也，夾持義亦如此。
> 〔註65〕

伊川釋「敬以直內、義以方外」云：「君子主敬以直其內，守義以方其外」，
〔註66〕又云：「敬只是持己之道，義便知有是有非，順理而行，是爲義也。」，
〔註67〕蓋伊川是由「動容貌、正思慮」的敬義，來蕭整凝聚認知心的專注，
使其得認識性理，順理而爲義。故「敬」、「義」二者皆是對治於經驗層實然
之心的工夫。

　　甘泉言「敬」、「義」，最大的不同，即是其不徒然只是工夫義，並且具本
體義。所謂「敬義合一」，實是站在本體處言，故在內之敬心，乃轉爲天理之
本體，應事自能發而爲義，所謂「敬直時，義涵於敬」。應事時所以能以義方
之，是因此義由敬之本體而發，所謂「義方時，敬行乎義」。二者在價值內涵
上是相同的。故曰「合內外之道」、「原非二物」其義在此。

〔註61〕前引書，卷七，頁28。
〔註62〕前引書，卷十四，頁2。
〔註63〕《文集》，卷二十三，頁21。
〔註64〕前引書，卷三，頁10。
〔註65〕前引書，卷八，頁13。
〔註66〕《二程集》，卷一，頁712。
〔註67〕《二程集》一，〈伊川先生語四〉，卷十八，頁206。

（二）執事敬

由對甘泉「敬」義的了解，可知「執事敬」即是「隨處體認天理」之旨的精鍊。

> 學者之病，全在三截兩截，不成片段，……元來只是敬上理會未透，
> 故未有得力處，又或以內外爲二而離之，吾人切要只於執事敬用功，
> 自獨處以至讀書酬應，無非此意，一以貫之，內外上下，莫非此理，
> 更有何事。〔註68〕

甘泉云：「隨處體認天理，自初學以上皆然，不分先後，居處恭、執事敬、與人忠，即隨處體認之功。」，〔註69〕故知「執事敬」即是強調應事時之隨處體認的工夫，自「獨處以至讀書酬應」皆得以此工夫貫之。由甘泉「敬」義的內涵，我們可知「執事敬」是包括工夫義與本體義，既有察識認知之功，又具存養本體之能，二者互爲其功。

> 執事敬，最是切要，徹上徹下，一了百了，致知涵養此其地也，所
> 謂致知涵養者，察見天理而存之也，非二事也。〔註70〕

「執事敬」的內涵是由體察義的「致知」，以至於本體義的「涵養」，所謂「察見天理而存之也」。即「致知」之功要再經「勿忘勿助」的消解以虛心的過程，方得至於中正，而進一步與天理合，以成其本體義的敬心，故甘泉云：「勿忘勿助，其敬之規矩矣乎。」，〔註71〕是可知甘泉乃以其說重新賦予「執事敬」以新義。

（三）與朱、王二家的比較

朱子「主敬」之功夫，是針對「格物致知」的需要而設，以「敬」來收斂身心，凝聚認知的專注，以格物窮理。

> 爲學則自有個大要，所以程子推出一個「敬」字與學者說，要且將
> 個「敬」字收斂個身心，放在模匣子裏面，不走作了，然後逐事逐
> 物看道理，……心地光明，則此事有此理，此物有此理，自然得見。
> 〔註72〕

〔註68〕《文集》，卷七，頁3。
〔註69〕前引書，卷八，頁25。
〔註70〕《明儒學案》，〈甘泉學案一〉，卷三十七，頁88。
〔註71〕《文集》，卷三，頁4。
〔註72〕《朱子語類》，卷十二，頁208。

朱子云：「敬非是塊然兀坐，……只是有所畏謹，不敢放縱，如此則身心收歛，如有所畏。」，〔註73〕即是以「敬」肅整身心，使凝聚不放逸，復以之格物窮理，便能見得義理分明。

此外，朱子之「敬」不僅止於外在行為之肅整，且內在於心知之涵養與省察，所謂「未發之前是敬也，固已立乎存養之實；已發之際是敬也，又常行於省察之間。」，〔註74〕即在心知未發之時，以「敬」涵養心知之貞定與清明，在心知已發之後，復以「敬」省察所發是否順理？因此朱子之「敬」是貫於心知之未發已發，而時時收歛提撕心知者。

甘泉「執事敬」的功夫，大體承襲自朱子而來，二者同樣是對經驗層的認知心而設。只是朱子的目的在「格物窮理」，而甘泉則是為「隨處體認天理」，故甘泉「執事敬」之義不僅止於朱子所強調的致知察識而已，以其最重要的目標在呈現天理，在合一於天理，使轉為本體義的敬心而發用。故朱子之「敬」，雖已由外在行為的肅整，進而貫於心知之未發已發，但終究僅止於實然的認知心而已，「敬」也終究只是收歛警覺之功夫，敬與心畢竟是二物。甘泉之「敬」義顯然又更進一步，其不僅只是心知之工夫，其在「勿忘勿助之間」的轉化下，可發而為德性心之本體義，敬與心可合一於天理，此是甘泉「執事敬」的特色。

至於陽明，基本上他是反對朱子「居敬窮理」的主張，他批評朱子「合之以敬而益綴」，〔註75〕以其析居敬與窮理為二事，是為「支離」，故陽明又云：

> 主一是一心在天理上，若只知主一，不知「一」即天理，有事時便是逐物，無事時便是著空，一心皆在天理上用功，所以居敬亦即是窮理。〔註76〕

伊川就心知之專注凝歛，而云：「主一之謂敬。」，〔註77〕朱子承此義，以「敬」作為收歛身心，使之貞定清明的工夫。對陽明而言，「主一」並非專注於一事，若如此「則飲酒便一心在飲酒上，好色便一心在好色上，卻是逐物，成甚居敬工夫？」，〔註78〕此因朱子之「敬」只是工夫義，而不具本體義之故。

〔註73〕前引書，卷十二，頁211。
〔註74〕《朱文公文集》，卷三十二，頁42。
〔註75〕《古本大學序》，卷一，頁1。
〔註76〕《傳習錄上》一二〇，頁54。
〔註77〕《二程集》，卷一，頁169。
〔註78〕《傳習錄上》一二，頁54。

今陽明將其提至本體處，而云「主一」是主天理，天理即是陽明之良知本體，故云：「就窮理專一處說，便謂之居敬；就居敬精密處說，便謂之窮理。」，〔註79〕蓋陽明以「致良知」義釋「居敬窮理」，只要致吾心之良知，「居敬亦即是窮理」，二者是一事。

實則陽明直言「致良知」即可，所以繞出來提「居敬窮理」，是為批評朱學「支離」之病，可以說至於陽明已完全擺脫朱學「居敬窮理」說的影響，而自成一家之言。

相對於陽明「居敬即是窮理」之說，對甘泉而言則又太過直捷，即甘泉「執事敬」之說，雖已較朱子更進一步而可落在本體處講，但並不能當下如此，即必經隨處的體察，「勿忘勿助」的過程，才能使敬心合一於天理，因此湛、王兩家對「敬」義的看法，在路徑上是有所不同的，但最終皆落於本體上言。

三、知行並進與合一

甘泉對「知行」義的看法，亦是放在「隨處體認天理」的宗旨下說，甘泉曾云：「所謂體認天理，知行並進即是工夫，到熟處便合一矣。」，〔註80〕在此亦清楚表明甘泉「知行」義有兩個層次：一是工夫義的「知行並進」，另一是至於熟習處的「知行合一」。

在「知行並進」這一階段：主要是討論認知心如何去認識義理，以及如何作為行為的規範問題？這方面的主張有「知先行後」的認識秩序，與知之淺深的程度問題。

> 知固貫始終通乎行，但《易》所謂「知至至之」，而必曰「可與幾」，是專主知，知之在先，……所謂「知終終之」，而必曰「可與存義」，是主行，行之在後。〔註81〕

> 古人學問必有頭腦，必須知所有，乃可養所有，此明道意也。子張務外乃遽然問行，便是無頭腦學問，且不先知所有，則所行者何事？〔註82〕

「知先行後」的主張，強調必先去認識義理，而後方能循其所知之義理而行。

〔註79〕同註78。
〔註80〕《文集》，卷十四，頁10。
〔註81〕前引書，卷八，頁23。
〔註82〕前引書，卷九，頁20。

故必知之在先，而行之在後，這樣的看法乃承朱子而來。朱子云：「知行常相須，……論先後，知在先；論輕重，行為重。」，〔註83〕即是主張先致知以為頭腦，而後力行以循之。

　　從「知行」關係的邏輯次序上，是「知先行後」，但在知的內涵上，則有待於行的深化，是所謂知的淺深問題。

　　　　所謂知，亦有先後淺深，……即知即行，知之淺者，如知物可食而
　　　　食之；行至知至，知之深者，如食物乃知味者。……二說合而通之，
　　　　然後聖學之功盡。〔註84〕

「知」之內涵上的淺深，和是否有「行」的體驗有密切的關係，「知之淺」者，徒由認知而行，如知此物之可食方食，完全無體驗之功，這只是止於認知的表面而已。「行至知至」，則是知之較深者，如真實去嘗此物，方知此物之味，雖然不能僅止於認知而不去力行，但也不能務於力行而不講求義理，因此甘泉主張「二說合而通之」，所謂「知以開其心，行以恆其心，知行並進。」〔註85〕

　　甘泉「知行並進」之說，並沒有超越朱學論知行問題的成就，朱子云：「知與行功夫須著並列，知之愈明，則行之愈篤，行之愈篤，則知之益明，二者皆不可偏廢。」，〔註86〕只是朱子強調「知先行後」，而甘泉則強調「行」的重要，而言「知行並進」而已。

　　甘泉論「知行」的特色在第二層次，即至於天理處的「知行合一」。

　　　　蓋知覺是心，必有所知覺之理，乃為真知也，如此涵養便是行，久
　　　　而熟之，則聖域有不可到耶？〔註87〕
　　　　學問、思辨、篤行則將何求矣？……求自得斯而已矣，求斯心而已矣，
　　　　求其知而已矣，求體乎天之理而已矣，求復乎天者而已矣。〔註88〕

甘泉「知行並進」的目的在「體認天理」，所謂「博學、審問、慎思、明辨以開其知，察見夫天理之真，又必使篤行以恆其所知。」，〔註89〕因此「察見夫天理之真」乃為「真知」，「真知」是超越事理的表面，而更深入體認義理的本體。

〔註83〕《朱子語類》，卷九，頁148。
〔註84〕《文集》，卷九，頁19。
〔註85〕前引書，卷二十，頁19。
〔註86〕《朱子語類》，卷十四，頁281。
〔註87〕前引書，卷八，頁29。
〔註88〕前引書，卷十七，頁43。
〔註89〕《文集》，卷二十，頁24。

由此深刻的認識，輔之以篤行涵養，使有諸於己，至於熟習處，即甘泉所謂「勿忘勿助之間」，便自能合一於天理，所謂「內外合一謂之至道，知行合一謂之至學」，這便是甘泉「知行」義的第二層涵義。

甘泉「知行合一」說和陽明之說相同者，是二家最終都落在本體處言。甘泉是「合一」於天理，陽明則以良知義涵攝知行，所謂「我今說個知行合一，正要人曉得一念發動處，便即是行了。……不使那一念不善，潛伏在胸中，此便是我立言宗旨。」，〔註90〕蓋陽明「知行合一」是落在良知之自覺與發用處言，「知」乃所謂良知，良知之一念發動處便是行，故是以良知涵攝行而爲一。

甘泉的「知行合一」義則微有別，即甘泉並非以良知涵攝行而爲一，以致知行混而無別，以其「知行合一」義必經由「知行並進」義以循序而至。故云：「知行者造道之功，元不相混亦不相離。」，〔註91〕於是其批評陽明「知行」之說道：

> 陽明「知即是行，行即是知」不能無病，至於「知者行之始，行者知之成」其說即近也，大抵知行始終只是一理一功夫，如點一燭相似，知則是初燃也。只爲後來學者做得卻別，所以便著許多見解，要之不是知行本體。〔註92〕

實則陽明之二句，以良知義言並沒有什麼分別，但甘泉卻反對前者，而稍認同於「知者行之始，行者知之成」，只是因爲甘泉認爲知行不可混而無別，故甘泉雖亦主張知行是「一理一功夫」，卻又要強調「知是初燃」，即仍是肯定知之爲先，而行之在後，先有「知行並進」的工夫，才能有「知行合一」的可能，這是甘泉與陽明不同的地方。

四、格物義的論辨

（一）甘泉格物說

甘泉對格物的主張，亦是歸於「隨處體認天理」之旨下，所謂「隨處體認天理，即《大學》所謂格物，程子所謂至其理，將意心身家國天下通作一段工夫，無有遠近彼此，終日終身只是體認這天理二字。」，〔註93〕格物的目

〔註90〕《傳習錄下》二六，頁 126。
〔註91〕《文集》，卷九，頁 20。
〔註92〕前引書，卷二十三，頁 14。
〔註93〕《文集》，卷六，頁 4。

的在「體認天理」，天理即遍存於萬事萬物之中，不格之即無以體現，所以甘泉又云：

> 理無定體，隨感而應，隨家國天下之事物而感通之，其理始著，故意心身皆於家國天下之物理，隨處體認而至之也。〔註94〕

> 格者至也，……物者天理也，……格即造詣之義，格物即造道也，知行並進，博學、審問、慎思、明辨、篤行皆所以造道也，讀書、親師友、酬應，隨時隨處皆體認天理而涵養之，無非造道之功，……故吾輩終日終身只是格物一事耳。〔註95〕

「天理」隨處而在，是必待格物而後現，故甘泉訓「格」為「造詣」，「格物」為「造道」，即「格物」是以至於天理為目標，而「隨處體認天理」的落實即在格物上。

至於格物的內容，則有「博學、審問、慎思、明辨、篤行」等知行並進的功夫，而對象則不論「讀書、親師友、酬應」等皆當體察之。因此甘泉格物的內容，可說是吸收朱子「格物」義的內涵，蓋朱子云：「聖人只說『格物』二字，便是要人就事物上理會，且自一念之微以至事事物物，若靜若動，凡居處飲食言語無不是事。」，〔註96〕但朱子「格物」的目的，在窮其所以然之理，以及所依之當然之則。甘泉卻不僅止於事物之所以然之理，他「格物」的目的在「體認天理」、在涵養德性。

因此甘泉又云：「致知窮理於事物上尋求，固不是；外事物上尋求，亦不是。」，〔註97〕格物的對象是事物，故必須於事物上尋求，但所尋求者卻不是事物本身的曲折之理，而是屬德性的天理，因此甘泉又以「修身」言「格物」。

> 《大學》古本好處，全在以修身釋格物致知，使人知所謂格物者，至其理必身至之，而非聞見想像之粗而已。〔註98〕

由認知心之知行並進以格物，正如上節「知行合一」說所述，最後是歸結於屬德性義的天理，而甘泉之格物說，雖是由體察事物之理始，但最終也在恢復德性之本體。所謂「以修身申格致，其教人也，力行之也，非耳目之學也。」，

〔註94〕前引書，卷二十二，頁19。
〔註95〕前引書，卷七，頁18。
〔註96〕《朱子語類》，卷十五，頁287。
〔註97〕《文集》，卷二十三，頁4。
〔註98〕前引書，卷六，頁13。

〔註99〕又云：「夫以涵養寡欲言格物，則格物有知行之實，非但聞見之粗矣。」，
〔註100〕因此甘泉格物義的內容，是始由知行並進之認知心去體察事理，進而
在「勿忘勿助之間」以察見天理，知行合一於天理，轉化做德性之修身，以
實有諸己，這是甘泉「格物」說的特色。

（二）與陽明的論辨

　　甘泉與陽明對於「格物」這一命題，曾有過激烈的論辨，由二家相互的
批評中，更可以看出甘泉「格物」的特色。

　　陽明「格物」之義，主要是由心之感通處言，所謂「身之主宰便是心，心
之所發便是意，意之本體便是知，意之所在便是物。」，〔註101〕蓋陽明是就心物
之感通下所生意念之善惡言物，即是重物在心之價值義，而不是客觀之物本身，
也非究心於客觀之理的探索，其所謂「格物」者，是從良知之自覺與發用言。

> 致知須在實事上格，如意在於去惡，便就這件事上去不為，去惡，
> 固是格不正以歸於正；為善，則不善正了，亦是格不正以歸於正也。
>
> 〔註102〕
>
> 「致知在格物」者，致吾心之良知於事事物物也。吾心之良知即所
> 謂天理也，致吾心良知之天理於事事物物，則事事物物皆得其理矣。
>
> 致吾心之良知者，致知也，事事物物皆得其理者，格物也。〔註103〕

就良知之自覺言，「格物」者即是格其不正之念以歸於正，此「正」者乃復其
良知本體也，就良知之發用言，則推至良知之善以及於萬事萬物，使事事物
物皆得其理而為善。故云：「為善去惡是格物」，〔註104〕故陽明「格物」之義
是歸結於良知之自覺與發用，而為善去惡的工夫上。

　　實則甘泉與陽明言「格物」，最終都落在本體處，甘泉在復其天理，以言
「修身」，陽明則在致其良知，以為善去惡，即皆是在德性的修養上言格物，
因此二人爭辨的焦點，主要是對於「物」所扮演角色的不同看法，和如何把
握其本體的路徑之爭？也由於彼此路徑的不同，而導致對彼此本體義的疑慮。

〔註99〕前引書，卷十七，頁 14。
〔註100〕《文集》，卷十七，頁 21。
〔註101〕《傳習錄上》六，頁 9。
〔註102〕《傳習錄下》，十八，頁 163。
〔註103〕前引書，卷中六，頁 68。
〔註104〕前引書，下一一五，頁 161。

首先二人對「物」是在內或在外？看法上便有所不同。

> 先生（陽明）與甘泉先生論「格物」之說，甘泉持舊說。先生曰：「是求之於外了」，甘泉曰：「若以格物理爲外，是自小其心也。」〔註105〕

> 人心與天地萬物爲體，心體物而不遺，認得心體廣大，則物不能外矣。故格物非在外也，於物若以爲心意之著見，恐不免有外物之病。〔註106〕

陽明批評甘泉「格物」之說是「求之於外」，甘泉則反譏陽明有「外物之病」，此孰內孰外之爭，只是二人對「物」的看法不同。如前所述，甘泉「格物」說乃歸於「隨處體認天理」，以天理具於事物之中，故須「知行並進」體察物理，至於熟習處，便「知行合一」於天理，轉化作德性之修身。故甘泉要強調「格物非在外也，格之致之之也，又非在外也。」，因此甘泉並非「持舊說」，他比朱學「格物」義已有進一步的發展。

陽明對「物」的看法，則是由心物之感通，所生意念之善惡處看，他強調的是由一念之善惡以致其良知，以爲善去惡，故陽明不能認同甘泉，由認知之途徑去警發本體「天理」的主張，是以批評其爲「求之於外」；甘泉則亦不能同意陽明，直接落在意念之善惡處，便能復其本體「良知」的說法，是以反言其有「外物之病」。

爭議至此，可知其癥結在於，如何把握本體的途徑上之爭，由以下甘泉對陽明「格物」說，激烈的批判中，可更顯出其二家之異。

> 蓋兄（陽明）之格物之說，有不敢信者四：自古聖賢之學皆以天理爲頭腦，以知行爲功夫，兄之訓格爲正，訓物爲念頭之發，正心之正即格也，於文集不亦重複矣乎？其不可一也。又於上文知止能得爲無承，於古本下節以修身說格致爲無取，其不可二也。兄之格物訓云正念頭也，則念頭之正否？亦未可據……以其無講學之功，無始終條理之實，無智巧之妙也，則吾兄之訓正念頭，其不可者三也。……若兄之說徒正念頭，則孔子止曰：「德之不修」可矣，而又曰：「學之不講」何耶？……子思止曰：「尊德性」可也，而又曰：「道問學」者何耶？……其不可者四也。〔註107〕

〔註105〕前引書，下一，頁115。
〔註106〕《文集》，卷七，〈與陽明鴻臚〉，頁1。
〔註107〕前引書，卷七，〈答陽明王都憲論格物〉，頁25。

甘泉批評陽明「格物」說所據之理由，首先是陽明以「正念頭」爲訓，不符
《大學》原義，實則《大學》一文由於只有大綱性的架構，欠缺一明確之說
明，是以自二程以來，以至於朱子之改訂，皆各陳己說、自成一家。今陽明
確是以己意說《大學》，而甘泉之解亦未嘗不是如此。

　　甘泉主要反對的理由，不在於《大學》之原義究如何？而在於陽明是以「正
念頭」爲自覺良知本體的途徑，甘泉則堅持當以客觀普遍的天理義爲頭腦，以
知行並進爲工夫，在「勿忘勿助之間」而至於天理。因此須有賴於致知講學、
好古敏求的階段，若不講學讀書，徒然只是「正念頭」，那是不足爲據的。

　　因此湛、王二家對「格物」義的爭辨，主要便在於對「物」的看法，及如
何把握本體的途徑之爭上，陽明由一念之爲善去惡，直接把握本體「良知」；甘
泉則主張要先透過認知的方式，才能進一步合一於本體「天理」，在此可以看出
甘泉的「格物」說，乃吸收了朱學的認知途徑，同時又兼具有心學的內涵。

第四節　對白沙工夫的融會與轉向

一、矯白沙近禪之譏

　　蓋白沙之學本由自得而來，其教人之功夫則在「靜坐」。

> 有學於僕者，則教之靜坐。蓋以吾所經歷，粗有實效者，非務爲高
> 虛以誤人也。〔註108〕

> 爲學須從靜中坐養出個端倪來，方有個商量處。〔註109〕

白沙自言其爲學關鍵在「靜坐」，所謂「舍彼之繁，求吾之約，惟在靜坐，久
之，然後見吾此心之體，隱然呈露」，〔註110〕蓋白沙即在「靜坐」中消解其情
識之縛，而把握住心體。但也因白沙多渾然自得之語，所謂「天地我立，萬
化我出，而宇宙在我矣。」〔註111〕之類，故在白沙當時已有時人以禪習目之，
白沙亦嘗自白云：

> 來喻有爲毀僕者，有曰自立門戶者，是流於禪學者……僕又安敢與
> 之強辯，姑以跡之近似者，爲執事陳之……佛氏教人曰靜坐，吾亦

〔註108〕《陳白沙集》，卷二，頁 27。
〔註109〕前引書，卷二，頁 15。
〔註110〕前引書，卷二，頁 25。
〔註111〕前引書，卷三，頁 21。

> 曰靜坐；曰惺惺，吾亦曰惺惺，調息近於數息，定力有似禪定，所
> 謂流於禪學者，此之類歟？〔註112〕

正因白沙之學與佛氏有如此多的相近之跡，因此白沙之學一直被蒙上一層禪學的外衣，至於甘泉，亦常為其師之學辯白，其曰：

> 世人皆說石翁（白沙）禪學，不然，初年想亦從這裡過來，觀教人
> 只以周子聖學章無欲為言，及某夢一老人說要山中坐一百日，以告
> 翁，翁不欲，云只恐生病。〔註113〕

白沙之學所以遭近禪之譏，與其以「靜坐」為主要工夫有很大的關係，因此甘泉為矯師門近禪之弊，便由對「靜坐」工夫的修正入手，他回憶昔夢一老人，要他到山中靜坐百日而白沙不欲的往事，說明白沙亦非完全主張「靜坐」。甘泉更進而申說「靜坐」之非：

> 古之論學，未有以靜坐為言者，而程氏言之，非其定論，乃欲補小
> 學之缺，急時弊也。後之儒者，遂以靜坐求之，過矣……以靜為言
> 者，皆禪也。故孔門之教，皆欲事上求仁，動時著力。〔註114〕

伊川「每見人靜坐，便嘆其善學」，〔註115〕而甘泉則言此非定論，乃伊川欲矯時弊而發，並言古來未有以「靜坐」為言者，乃欲根本上否定「靜坐」工夫之傳統，最後矯之以「事上求仁，動時著力」，從此處我們可窺甘泉「隨處體認天理」說的淵源。

二、對白沙功夫的融會與轉向

白沙在〈復趙提學僉憲書〉中，自述其為學歷程「年二十七始發憤，從吳聘君學，其於古聖賢垂訓之書，蓋無所不講，……日靠書冊尋之，忘寐忘食，如是者亦累年，而卒未得。」，〔註116〕即白沙早年是由朱學讀書窮理入手，但苦讀多年卻仍無所得，是以引起了白沙對朱學工夫的質疑。

於是「舍彼之繁，求吾之約，惟在靜坐。久之，然後見吾此心之體，隱然呈露，常若有物，日用間種種酬應，隨吾所欲……體認物理，稽諸聖訓，

〔註112〕前引書，卷二，頁29。
〔註113〕《文集》，卷四，頁7。
〔註114〕前引書，卷七，頁6。
〔註115〕《二程集》，〈河南程氏外書〉，卷十二，頁432。
〔註116〕《陳白沙集》，卷二，頁25。

各有頭緒來歷……於是渙然自信，曰作聖之功，其在茲乎！」，〔註117〕最後白沙在「靜坐」中放下一切情識之蔽，終於感受到心中德性之本體。驚曰：「隱然呈露，常若有物」，復以此印證於日用之間，無不暢達。因此說白沙之學乃明代心學的先驅。

　　甘泉「隨處體認天理」之說，主張由朱學「知行並進」的工夫入手，至於熟習處，在「勿忘勿助之間」自然地呈現天理，轉化作德性的主體。這一套理論，可以說是融會了白沙爲學歷程的各個階段：朱學的積累、靜坐的消解、心體的呈露、日用間的印證，而會之於「隨處體認天理」一旨。

　　故從白沙爲學歷程來看，則甘泉確不負白沙之傳，他由「知行並進」的功夫中，承繼了白沙早年學問的積累；以「勿忘勿助之間」清明中正的虛心狀態，代替白沙「靜坐」的消解；以「天理」點出白沙所言的「心體」；以「隨處體認」沿續其於日用間印證的過程。雖然如此，但甘泉似乎忽略了一點，即白沙早年朱學的學習歷程，與後來因靜坐而把握到的心體主宰，二者是否有其必然的因果關係？白沙本人即曾云：

> 夫學有由積累而至者，有不由積累而至者；有可以言傳者，有不可
> 以言傳者，夫道至無而動，至近而神。〔註118〕

顯然白沙本人是認爲學問的積累與天道本體的把握，是沒有必然的因果關係的，但甘泉「隨處體認天理」之說，主由「知行並進」的積累工夫以呈現天理的看法，顯然認爲二者是有其互爲因果的關係。正因爲如此，故在白沙之時所強調的心體呈露、胸懷灑落自得的氣象，至於甘泉，則易之以端肅中正、勤勉講學的門風，這不能不說是一種轉向，可以說江門之學到了甘泉，因工夫義的矯弊，使得學風又偏向於朱學，而加重了「道問學」的分量。下引侯外廬等的評論作爲此節的結束。

> 湛若水、張詡二人，他二人代表了陳獻章門人闡發江門心學時的兩
> 種不同傾向，吸收融會程朱理學思想和吸收融會佛老思想……在偏
> 離陳獻章江門心學的主要論題上則是共同的，即他們都拋棄了作爲
> 陳獻章心學特色的「靜坐中養出端倪」。〔註119〕

因此可說甘泉在傳承白沙之學的過程中，隨著其理論體系的建立，與思想的

〔註117〕前引書，卷二，頁25。
〔註118〕前引書，卷二，頁13。
〔註119〕《宋明理學史下》，第七章，頁196。

日益成熟，是以在不自覺間，逐漸走出了自己的道路，而自成一家之言，使得江門之學發生了轉向，實則其已脫離了江門之學，而有自己的主張、自己的工夫途徑，已非江門之原貌了。

第五節　甘泉修養論的特色與缺陷

一、融會朱、王之學的特色

甘泉修養論包含「立志」、「煎銷習心」與「隨處體認天理」，而以「隨處體認天理」為主。

在「隨處體認天理」一旨中，所吸收朱學的功夫有「知行並進」、「執事敬」及「格物致知」等，蓋甘泉是由朱學的工夫義入手，以「執事敬」涵養認知心，以之格於事事物物，並由知行並進的方式，以印證於所知，擴大認知的內涵，這些學問思辨的工夫，皆是甘泉修養論中所吸收自朱學者。

但甘泉亦非完全沿襲舊說，他仍然承襲了白沙以德性心為主體的特色，他名之曰「天理」，天理是一德性的內涵，只是須待於認知心學問思辨的警發。是以認知所得必要作進一步的超越，因此甘泉必強調在「勿忘勿助之間」以見天理，至此「執事敬」不再只是工夫，而轉化作本體義的「敬心」；「知行並進」也轉作「知行合一」的德性內涵；而「格物」則成為德性義的修身，至此處卻又表現出陽明心學以德性心為主體的特色。

因此可以說甘泉的修養論，既吸收了朱學的工夫義，又以心學的內涵為宗旨，表現出兼容朱、王之學的特色。

二、「勿忘勿助之間」的疑義

由今日之角度看甘泉修養論的主張，最引人注意者，是甘泉嘗試由朱學學問思辨的功夫，以轉為心學以德性為主體的主張是否可行？而這其中的關鍵處，即是甘泉所謂「勿忘勿助之間」。在「勿忘勿助之間」則見聞之知轉為德性之知，認知心轉化成德性心。

甘泉之「勿忘勿助之間」其內涵，乃所謂「存中以應外、制外以養中」，即是涵養心體為一中正清明之狀態，而此「中正」並非一硬性規範，只是一無所偏倚之「虛心」，而其轉化之契機曰「知幾」，其規律曰「自然」，若再進

一步追問，如何在「幾」中轉化？則亦只能言「知幾其神乎？」，於是「勿忘勿助之間」乃成為一神而不可知之境，而此處正是甘泉修養論中，無法自圓其說之處。或許由甘泉看來，只要認知至於熟習處，自然而然地便能轉化，但此熟習處、自然處，又何嘗不可謂是經過訓練而養成的道德行為，與道德本質的自律自覺，是有很大差別的。

第六章　甘泉學的定位與價值

第一節　甘泉對白沙學的發展與轉向

一、天道論的建立

　　蕺山論白沙之學云：「先生學宗自然，而要歸於自得。」，〔註1〕誠然，蓋白沙自悟心體以來，便多渾然自得之語，其說較缺乏一理論的展示，如其述天道之狀曰：「此理妙不容言，道至於可言，則已涉乎麤跡矣。」，〔註2〕又云：「纔覺便我大而物小，物盡而我無盡，夫無盡者，微塵六合，瞬息千古」，〔註3〕此雖白沙體道之眞切語，但畢竟太過混沌，以致有近禪之譏，〔註4〕以其缺乏一理論體系的建立之故，而白沙高弟甘泉「心性氣合一」之學，正有補足白沙理論上欠缺之功。

　　首先，甘泉吸收張載「太虛即氣」的思想，以建立其「以氣爲本」的天道觀。甘泉云：「宇宙間只是一氣充塞流行，與道爲體。」，〔註5〕又云：「舍氣何處尋得道來？」，〔註6〕即是甘泉以「氣」來作爲天道實體的構成基礎，並以氣之生化流行，解釋萬物生成終始之演化規律，且必落實在氣之中方得

〔註1〕《明儒學案》，〈師說〉，頁4。
〔註2〕《陳白沙集》，卷一，頁65。
〔註3〕前引書，卷四，頁33。
〔註4〕可參考本文，第五章，第四節，「矯白沙近禪之譏」。
〔註5〕《文集》，卷七，頁3。
〔註6〕前引書，卷八，頁8。

論天道本體。故云：「氣之中正者即道，道氣非二也。」，〔註7〕於是宇宙萬物之生化根源在於氣，此渾然一氣所呈現之中正的價值處，即是天道本體。

如此確是較白沙所云，道不可名狀，天得之以為天、地得之以為地等的自得語，要具體的多。故甘泉「以氣為本」、「氣之中正即道」的主張，確有助於白沙之學天道論的建立，並由於「氣」之實存，也有助於擺脫世人對白沙之學近禪的懷疑。

近人陳郁夫云：「白沙對心體亦未明白解說，此外如宋儒所關心的問題，如性、道、理、氣等，白沙也未涉及，這些甘泉都統之以一氣，補足了白沙學的缺憾，建立起極有系統的學說。」，〔註8〕此可補充上述的看法。

二、心性論的分解與渾合

白沙自言為學是自「此心與此理未有湊泊吻合處」始，終在「靜坐」中呈露心體而有得。然對於此心體究為何物？及此心與此理之關係如何？白沙亦無進一步的說明。

而在甘泉〈心性論〉的論述中，甘泉吸收了朱子「心性情三分」的分解方式，來陳述心性情三者的關係，但最後又承白沙以德性心為主體之路，以「心性情合一」的融合作為目標，而呈現其有別於諸家的特色。

首先，甘泉云：「凡謂之心，皆指具於形氣者言。」，〔註9〕乃就形氣之知覺處言心；論性，則云：「氣得其中正焉，理也、性也」，〔註10〕是就氣之中正處、由氣之價值處言性理；心之所發謂之情，但「發而中正故謂之真情，否則偽矣。」，〔註11〕此即甘泉所析「心性情三分」的型態。甘泉心性情三者的關係並非完全獨立，它們之間是有「氣」作為聯繫的，即當心與物應，不得氣之中正時，此時心性為二，而所發之情即偽矣；若得氣之中正時，則此時心性是一，心為德性主體，而所發是為真情矣，此即甘泉「心性情合一」的圓融狀態。

若白沙是一義理的實踐者，則甘泉便像是一義理的開展者，因此甘泉此〈心性論的分解與融合〉，可謂補足了白沙在心性論方面理論的不足。

〔註 7〕前引書，卷十一，頁 4。
〔註 8〕《江門學記》，頁 41。
〔註 9〕《文集》，卷四，頁 10。
〔註10〕前引書，卷一，頁 1。
〔註11〕前引書，卷七，頁 19。

三、「道問學」的新方向

關於此一部分，在第五章〈修養論〉第四節〈對白沙功夫的融會與轉向〉中有詳細的論述，在此乃述其要。蓋白沙自言爲學經歷，早年亦是從朱學入手，格物窮理多年而苦無所得，不得不對朱學產生懷疑，最終放下一切情識之縛，惟在「靜坐」，終在「靜坐」中呈露心體而自得之。因此白沙逐教人「從靜中坐養出個端倪來」，〔註12〕而以「靜坐」爲主要修養功夫。

但白沙以「靜坐」爲法，講求自得的門風，卻也遭致時人近禪之譏，甘泉爲矯此弊，遂不再強調「靜坐」而易之以「隨處體認天理」。「隨處體認天理」乃主張由學問思辨、知行並進的積累中，以開擴心知；在「勿忘勿助之間」澄定，而止於中正清明；在「知幾」中自然地會其天理，而呈露德性心，因此可以說甘泉融會了白沙各個爲學階段：學問的積累、靜坐的消解、心體的呈露與日用的印證，而會之於「隨處體認天理」一旨。

雖然甘泉「隨處體認天理」會通了白沙之學的各個階段，但白沙所言「不由積累而至」的心學自得氣象，卻也至於甘泉而有所轉向，而較偏向於朱子「道問學」的方向了。

縱觀甘泉對白沙之學的貢獻，主要是爲江門之學建立一完整的理論系統，諸如天道論的建立，心性論的分析與融合，功夫義的精煉等，都可看出甘泉的用心。但也由於甘泉對天理義的主觀認知，與強調積累而至的爲學途徑，亦不得不使人懷疑，甘泉所建立的江門之學的理論架構，是否是白沙之學的眞象？抑只是獨立的甘泉之學？黃宗羲在《明儒學案》中，並未將甘泉附於白沙之後，反爲其另立一〈甘泉學案〉，或許其用意正是如此。

第二節　甘泉對時代的回應

一、朱學之困境

本論文第二章第三節「時代思潮的演變」曾述及當代思潮，是以朱學爲主流，隨著明初《四書大全》、《五經大全》的編輯成書，科舉取士的官學定本，朱學在明初居於一尊的同時，也造成朱學本身的危機，學者逐漸流於考索章句之中，使得朱學義理日益空疏，終使有志之儒者心生鄙厭，逐轉趨躬

〔註12〕《陳白沙集》，卷二，頁15。

行，如康齋、居仁等，使得明初至明中思想界產生一股篤實踐履的學風。

朱學此時所面臨的困境，主要有兩方面：一是「理氣爲二」、一是「心性爲二」，在「理氣爲二」方面，朱學主張「理先氣後」，以氣之所以然之理居於優先性的看法，遭到了質疑，明初曹端、薛瑄等皆反對「理先氣後」之說，至於明中甘泉、欽順、廷相先後繼起，主張「以氣爲本」，倡「理氣合一」說，使得朱學的理氣思想，呈現百家爭鳴的盛況。

在「心性爲二」方面，首先提出問題的是白沙，白沙在朱學格物窮理的積累功夫多年，而仍無所得下，終點出問題癥結是在於「此心與此理未能湊泊吻合」，〔註13〕最後終在「靜坐」中呈露心體而與理合，遂開明代心學的契機。但心學理論的完全成熟，則直至陽明始成，陽明「致良知」說的提出，使得心學正式脫離朱學而獨立，爲明中以後另一個主流思潮。

以上大略陳述由明初朱學的困境，所衍生的兩脈義理的發展，而甘泉正處其中，是亦不能置身其外，且甘泉本身既受朱學深厚的陶冶，又師承於心學先驅的白沙，這樣的背景，使得甘泉之學能對時代的思潮有所回應，而亦有其貢獻。

二、甘泉對朱學的修正

（一）理氣論的新義

甘泉在理氣論方面的主張，是「以氣爲本」、「理氣合一」，以對應於朱學「理先氣後」、「理本氣末」之說。

蓋朱學理氣論的發展至於明中，漸生流弊，性理義的日益失落使得士子們，或流於逐物，或流於禪釋，此乃朱學理氣論超越的性理義失落所面臨的危機。

甘泉針對其中流於空疏之學者，提出「以氣爲本」的主張，以「氣」作爲萬物生化的實體，以「氣」之實有對治禪釋之空疏，而「理」即寓於氣之中與之爲體，故強調落實於實事實務的重要，方不致蹈虛淪空。

針對流於逐物之學者，甘泉又提出「理氣合一」之說，修正朱子「氣之所以然者爲理」之認知義，易之以「氣之中正者爲理」，是重新再賦予理以「中正」的形上價值，可以說甘泉不僅扭轉了朱學「理先氣後」，忽視氣的一面的

〔註13〕前引書，卷二，頁26。

理氣觀，且更重新彰顯了「理」之超越的價值內涵。這是甘泉理氣論對朱學的新義。

（二）心性氣合一的補充

針對朱學「心性爲二」的困境，甘泉「心性氣合一」之說則提供了一個解決的方向。蓋朱子析「心性爲二」、「心性情三分」的結果，使得形下氣之靈的心，與形上物之所以然的性理，沒有必然的聯繫性，雖然二者有「格物窮理」來維繫，但如何格盡萬事萬物之理，方能使形下之心統攝形上之理？亦即如何使心與理合？不得不令人無疑，而這正是朱學在心性論上有待解決的困境。

甘泉「心性氣合一」之說，可謂是對此一時代課題的回應。蓋甘泉雖沿襲朱子由形氣之知覺處論心，但卻由氣之中正處論性，當心在氣之中，體其性理之所在，便發而爲情。甘泉「心性氣合一」之說的特色，是心與性間有「氣」作爲其間必然的聯繫，當心未契其氣之中正時，心性是二、心性情亦三分，但當心得其中正之理時，則心便當下與性合，發而爲中節之眞情，是爲「心性氣合一」之說。

甘泉此說是在朱子「心性情三分」的基礎上，進一步修正朱子「心性爲二」的杆格所發展而成，雖然甘泉其始亦由認知心去上達，默契中正之性理的方式來呈現，但二者之間卻可經由「氣」之聯繫而轉化爲一。自不須如朱子在格盡萬物之理後，仍不能保證心與理合的必然性，只在格眼前一事一物之當下，即可因體其中正之理，使得心與性合，達致心理合一之境，既較朱子直捷，又解決了「心性爲二」的危機。

（三）「執事敬」的發揮

朱子的修養功夫爲「主敬」，「主敬」始於外在行爲的肅整，更內在於心知之專注凝斂，所謂「未發之前是敬也，固已立乎存養之實；已發之際是敬也，又常行於省察之間。」，〔註14〕蓋朱子是以「主敬」來作爲身心收斂肅整而不放失的功夫，但隨著性理義的失落，朱學的敬義也漸淪爲只是外在行爲的強制規範，而爲人所厭棄的困境。

甘泉吸收朱學「主敬」的功夫而曰「執事敬」，「執事敬」是置於「隨處體認天理」之旨下講，強調心應於事時，不徒然只是心知之專注凝斂之功夫

〔註14〕《朱文公文集》，卷三十二，〈答張欽夫書〉，頁42。

義，更有具天理內涵之本體義。所謂「敬之敬之，將與理一矣，夫何二？」，
〔註15〕因此「執事敬」可說是「隨處體認天理」的落實。

若說朱子「主敬」，是外在收束身心的規範，則甘泉「執事敬」之說，可
謂更進一步由內在本體處的自然規律講，使敬與心之本體合，如此便彌補了
朱學敬與心二分，以致流而為外在形式的弊病。

三、諸儒對朱學的修正

（一）「理氣合一」的趨勢

上節所述是甘泉對朱學的修正，此節則論同時期的其他諸儒對朱學困境
的回應，以見當時思潮之大勢所趨。

在理氣論的修正方面，甘泉提出獨具特色的「理氣合一」說，主張於氣
之中正處識理。同時的欽順亦主「理須就氣上認取」，〔註16〕即主在實事實務
中認取理，這種「以氣為本」的觀念，和甘泉可謂不謀而合。但欽順所謂之
「理」，則和甘泉又有所不同，蓋欽順是由萬物之生成變化的規律中識理，所
謂「千條萬緒，紛紜輵轕而卒不克亂，有莫知其所以然而然，是即所謂理也。」，
〔註17〕又云：「此理之在天下……必灼然有見乎一致之妙，了無彼此之殊……
斯為格致之極功。」，〔註18〕因此可以說欽順是在氣之中，識其具「一致之妙」
的最高的所以然之理為本體，在千條萬緒的氣化之理中，並不礙其皆得攝於
此「一致之理」下，而卒不可亂以得此最高的「一致之理」，亦不妨其氣化中
的分殊之變。故欽順即在此立場上主「理氣合一」說。

另一位儒者廷相，則進一步提出「元氣說」，所謂「天地之先，元氣而已
矣。」，〔註19〕是為諸儒所謂「渾然一氣」者，正式定名。廷相並言「氣一則
理一，氣萬則理萬，世儒專言理一而遺理萬，偏矣。」，〔註20〕此亦針對朱學
「理氣為二」而發，故主張理氣二者不可偏廢，且以「元氣」為本，當在元
氣處識其「理一」，亦當在氣化分殊處識其「理萬」，即雖有本體之「理一」
與萬物之「理萬」之不同，然皆是以元氣為基礎之體用關係，氣與理是為一

〔註15〕《文集》，卷三，頁 10。
〔註16〕《困知記》，〈續錄〉，頁 40。
〔註17〕前引書，卷上，頁 7。
〔註18〕前引書，卷上，頁 5。
〔註19〕《明儒學案》，〈諸儒學案中四〉，卷五十，頁 1174。
〔註20〕《王廷相集》，〈雅述上〉，頁 848。

體，廷相可謂結合了事物之理與義理，而成一最廣義的「理氣合一」說，雖然廷相主要仍是落在事物的道德意義的探討，所謂「統而言之，皆氣之化，大德敦厚，本始一源也；分而言之，氣有百昌，小德川流，各正性命也。」，〔註21〕但從今日眼光來看，已是極富科學精神的。

　　吳廷翰則主張「氣即道、道即氣」、「道者，以此氣之爲天地人物所由以出而言也，非有二也。」，亦是反對「理先氣後」與「理氣爲二」者，而強調天道之實體在「氣」，氣化生生所循之條理爲「道」，故道氣實爲一體。

　　最後，是陽明對理氣的看法，陽明雖是心學巨擘，但亦有主張「理氣合一」處。其云：「若見得自性明白時，氣即是性，性即是氣，原無性氣之可分也。」，〔註22〕陽明所謂「自性」即是良知，若見得己心良知明白，則在良知之感通發用下，自能推此心此理於萬事萬物，使萬事萬物皆得在良知處得其道德的意義，即良知的表現處在氣，而氣之價值義由良知顯。故云「氣即是性，性即是氣」，是故陽明是將理氣收攝在良知處而云「合一」。

　　由以上諸家的討論，可以看出針對朱學「理氣爲二」的困境，「理氣合一」說已是修正朱學之主要趨勢。雖然如此，但其中的內容，卻是百家爭鳴莫衷一是，如甘泉在氣之中正處言，欽順則在最高的「一致之理」處論，廷相則在元氣與氣化分殊處言「理一理萬」，廷翰則就氣化之條理處言，至於陽明則收攝在良知處言，可見此一時期思想的多元。而除陽明是由心學來含攝之外，其餘諸儒則反映出一股重視實事實物的傾向，提高氣之本體的地位，主張不可離氣而論理，當以氣爲本的特色。

（二）「心即理」的主張

　　甘泉針對朱學「心性爲二」之困境，提出了「心性氣合一」的修正。此一心性模型，主張當心體其中正處時，可當下直接轉化爲性，是爲「心性氣合一」。此說已較朱子之說要更進一步，但基本上仍是循著朱子的思維路徑而至，至於陽明則已擺脫朱學的影響，直承孟子、象山，而提出「心即理」的心學主張。

　　此時陽明所謂「心」，已不再由朱子之認知心作爲起點，而是直下由孟子的良知良能處契入，所謂「良知只是一個天理自然明覺發見處，只是一個眞誠惻怛，便是他本體。」，〔註23〕即天理之根據只在此心之良知，而良知只是

〔註21〕前引書，〈雅述上〉，頁848。
〔註22〕《傳習錄中》，頁85。
〔註23〕《傳習錄中》，頁109。

一念真誠惻怛而已，盡此心之真誠惻怛，即是致此心之良知，見天理之所在。推此心之良知以至於萬事萬物，則事事物物無不得其理矣，此乃「心即理」之說。

於是過去朱學所主張，以認知心努力去格物窮理，須格盡萬事萬物之理，卻仍不能保證何時可致「豁然貫通」於性理的困境，竟在陽明「一念之間」、在一念之「真誠惻怛」處，即至心即是理，即明吾心之全體大用。

因此陽明「心即理」之說，其產生雖然是承朱學之弊而起，但陽明卻能擺脫朱學的窠臼，而另開一心學的局面，從心學的角度解決了朱學「心性為二」的鴻溝。

四、甘泉之學在時代中的定位

（一）湛學與王學的比較

上節曾論及甘泉對朱學的修正，可以看出湛學與朱學是有所承繼，又有所創新的。以下則比較湛學與王學：

從理氣論來說，二家皆以天理作為最高的價值本體，並皆有主張「理氣合一」說。但二家對天理的看法，卻有很大的歧異，甘泉主張以氣為本，而以氣之中正處為理，在氣之中正處言「理氣合一」。陽明的天理本體在吾心之良知，致良知而推至於事事物物，則事事物物皆得其理，是以良知為理，以理為本，以氣為用，是落在良知之發用處言「理氣合一」。

從心性論來說，二家皆以「心性合一」作為目標。陽明直倡「心即理」，以心之良知即天理之靈明，一念之自覺即可致其良知而與理合。甘泉則倡「心性氣合一」，始由認知心契入，當心知體其氣之中正時，則心性氣合一於天理，至此心與性合，是由認知主體轉作德性主體。

在修養論方面，由二家對「勿忘勿助」與「必有事焉」的爭議，可見其異。甘泉主張必先「勿忘勿助」而後「必有事焉」，即必使學問思辨的積累，經由「勿忘勿助」的消解，以止於中正，而後乃得呈露天理，而「必有事焉」。

陽明則落於良知本體處言，故必主先「必有事焉」，方得「勿忘勿助」，即必先立其良知以發用於事，而後或有所放逸、或有所執滯，方以「勿忘勿助」提撕警覺。故二家警發本體的路徑上，便有很大的不同。

由以上可以看出，湛學與王學的歧異，首先對於本體的認知上，湛學重在實事實務中尋求天理，王學則落在致良知上，以外在事物作為表現良知的

條件；在心與性的契合上，湛學是由認知方式入手，再進一步上達，陽明則一念自覺即可直契本體；最後在修養工夫上，湛學是經由學問的積累，再轉化爲德性的天理，陽明則由意念之爲善去惡上以致良知，可以說湛學與王學確有很大的區別。但兩家理論最後皆歸結於德性主體上，只是甘泉之學較爲曲折，而陽明之學則較直捷，二家可謂殊途而同歸也。

（二）自成一家之言

由前述湛學對朱學的修正，與湛學對王學的比較後，乃漸能顯現出湛學的特色。首先從整個時代思潮來看，湛學無疑是極富時代特色的產物，在當時仍以朱學爲主流，卻又普遍要求其革新的轉型期中，甘泉很清楚的把握到朱學發展至明中所遭致的瓶頸，即是性理義的失落、心與理的割裂與工夫義的流於形式。

甘泉即站在朱學的基礎上，提出種種針對時代要求的回應。如主張天理要落在實事實務中，方不蹈虛淪空；以「氣之中正」來取代朱子的「氣之所以然之理」，使人對性理的內涵更易把握；鬆綁了朱子「心性爲二」的僵固，提出「心性氣合一」之說，主張在氣之中正處，心即可與性合，而不須格盡萬事萬物之理，以求一不可期之「豁然貫通」之日；在工夫上仍肯定學問思辨的重要性，但更強調必要進一步以上達天理。可以說甘泉之說強化了朱學理論的完整性，也使其更契合於時代。

由甘泉體認時代的要求，苦心積力，針對朱學之弊所提出的種種回應來看，可以說甘泉之學是源於朱學之弊，以甘泉之學視作朱學的修正，可；但若仍推甘泉爲朱學之流，則不可，因爲甘泉在對朱學的種種修正後，實已發展成有自己特色的一家之言，不再是朱學的面貌了。他有異於朱子而自成一理論體系的「渾然一氣說」、「理氣合一論」、「心性情合一」的主張與「勿忘勿助」的轉化等工夫，乃一富于時代意識的新說。

在「湛學與王學的比較」中，可以看出二家有其共同的宗旨，皆以「理氣合一」、「心性情合一」作爲最終的歸結，因此甘泉之學，無疑的亦是屬於心學之流。但湛學與王學二者，對於工夫途徑上的主張，卻有頗大的差異，即甘泉之學中，尚保留一些朱學的遺跡，而在陽明之學中，則已掃除殆盡，沒有朱學的殘留，而爲一獨立發展，屬「心即理」的心學型態。因此甘泉之學與陽明「心即理」的義理型態不同，亦不得歸入於王學之流，故其當屬「心性氣合一」的心學型態，而與陽明亦有別。

因此可以說甘泉之學，其雖源於朱學之弊，並由朱學之認知心契入，且在理論上對朱熹有諸多的修正，但其理論最後的演變，卻轉作德性心的呈現，是已脫離了朱學的理論範圍，而已自成一家之言。其次，湛學在其宗旨處與陽明「心即理」之說，亦有相互會通之處，而表現出心學的特色，但湛學與王學「心即理」之型態，亦畢竟不同，而當歸於是屬「心性氣合一」的義理型態。

因此明中由朱學「心理為二」之弊，所生的心學思潮中，實則不徒然只有陽明「心即理」的心學型態，應當再注意到甘泉所開發出來屬「心性氣合一」的心學型態，才更符合此一時期的思潮變化，而這兩種心學型態幾乎是同時並存於明代中期的。

因此有學者主張，將甘泉視作朱學向王學「過渡的階梯」〔註24〕之說，是對甘泉之學評價的不公允。蓋甘泉與陽明乃同時之人，在時間上即無所謂過渡，二說幾乎同時並行於當代。其次，甘泉之學的理論完整，義理明確，自成一家，其與朱學、王學雖皆有所去取，但最後所呈現的理論型態，畢竟三家不同，而其各自有其完整的理論體系。是以既為三種獨立的理論主張，又何以貶甘泉於「過渡」的地位？其義似以甘泉於朱、王二家皆有所不足之處，而此並非實情。

最後，甘泉在〈復洪峻之侍御書中〉，曾自言其學，云：

> 近來陽明之徒又以為行格式，整庵（欽順）之說又以為禪，真我只
> 在中間也。〔註25〕

可知甘泉之學說，即使與其同時之人，亦多不能了解，故有如此極端的評價。而由以上的論述中，可知是因為甘泉之學具有兼容朱、王二家的色彩，他在朱學的基礎上，修正了朱學，本身卻已不再是朱學的面貌，而在心性論上，又有與陽明心學相通之處，卻又不完全是王學，而是自成一「心性合一」的心學理論。

因此在陽明之徒看來，便不見其相通之處，而只見其吸收朱學的部分，如由認知心契入，強調學問思辨的重要，又主「執事敬」等，故以其「行格式」、「持舊說」譏之，黃宗羲亦是如此評價，其云：「先生（甘泉）仍為舊說所拘也。」

〔註24〕于化民著，《明中晚期理學的對峙與合流》，第三章「介於朱、王的甘泉學派」，頁93。

〔註25〕《文集》，卷七，頁59。

〔註26〕此皆站在王學的立場，只見其所承之舊，而不見其所開之新。

　　欽順則恰是相反，其站在恪守朱學的立場，見到了甘泉之說與心學相通之處，尤以心性論的歸結處乃「心性氣合一」，與心學如出一轍，故斥之為禪，此皆一偏之見。

　　因此從整個時代思潮來看，該還給甘泉之學一個公允的評價與定位。即甘泉之學乃源於對朱學之弊的修正，但隨著「理氣合一」、「心性情合一」與「勿忘勿助之間」等主張的日益完備，甘泉之學實則已脫離了朱學的理論範圍，而不應再歸入朱學一派來看待。此外，甘泉「心性氣合一」之學與陽明「心即理」之學，在宗旨上是殊途同歸的，但其理論內涵卻絕不相同，因此亦不當納甘泉於王學之中。

　　甘泉之學有它完整自成一格的理論體系，和朱學、王學皆不盡相同，確應獨立為一家之言來看待，因此若由時代思潮來看，則甘泉與陽明皆是回應於朱學之弊，所應運而生的兩種心學理論型態。甘泉「心性氣合一」之說與陽明「心即理」之說並行於世，在此透露出明代心學的產生，並不是單純的只有陽明之說而已，它更有甘泉之說的出現，因此甘泉的心學主張可以為這一時期的思潮變化作一個補充，有助於我們更能掌握明代理學思潮的真象。

　　因此宗羲雖對甘泉之學的評價有偏，但為其另立一獨立學案的作法，是該給予肯定的。

第三節　甘泉學的傳承與價值

一、傳承的多變與偏向

　　甘泉弟子中較著者有呂懷、何遷、洪垣、唐樞四人，《明史》論其學旨云：

> 懷（呂懷）之言變化氣質，遷（何遷）之言知止，樞（唐樞）之言求真心，大約出入王、湛兩家之間，而別為一義，垣（洪垣）則主于調停兩家，而互救其失，皆不盡守師說也。〔註27〕

以下便就其各人不同之學旨，略述其說，以明甘泉學傳承的情況，並探討其不如心學興盛的原因。

〔註26〕《明儒學案》，〈甘泉學案一〉，卷三十七，頁877。
〔註27〕《明史》，〈儒林二〉，卷二八三，頁7267。

（一）呂　懷

呂懷（1492～卒年不詳），字汝德，號巾石，其說主「變化氣質」。

> 天理良知本同宗旨，識得原因著腳，則千蹊萬徑皆可入國，徒詢意
> 見，不惟二先生之說不能相通，古人千門萬戶，安所適從？……此
> 但就中指點出一通融樞要，只在變化氣質。學問不從這上著腳，恁
> 說格致、說戒懼、說求仁集義，與夫致良知、體認天理，要之只是
> 虛弄精神，工夫都無著落。〔註28〕

呂懷主張「天理良知本同宗旨」，即視道體義的天理與實踐義的良知爲無別，
並以爲二者間的「通融樞要」，惟在「變化氣質」，故言呂懷之說主「變化氣
質」。雖然天理與良知皆屬本體範疇，但對甘泉而言，其始終未能認同良知所
具的本體義，此亦是甘泉與陽明相互爭執不下的原因，蓋甘泉是由「氣之中
正處」識理，重天理所具之超越性與客觀性，而陽明由意念之爲善去惡以致
其良知，對甘泉來說，是認知覺爲理。故甘泉亦云：「良知必用天理，天理莫
非良知」，〔註29〕即天理較良知的範圍要廣大，而更具優先性，天理的價值規
範可以包含良知，而良知當依循天理而行，這是就甘泉之意來說。

　　因此呂懷以爲「天理良知本同宗旨」，可以說並沒有把握住甘泉的天理
義，反使其所具之超越性與客觀性，下落於個體之氣質處，而與王學混而無
別矣。其次，以「變化氣質」爲下手處，也使工夫偏向於個體對冶感性的修
養，而不如甘泉既要學問思辨的積累，又須「勿忘勿助」的消解過程以至於
中正，那般關懷層面廣大。故呂懷或已受到王學的影響，而有所偏向了。

（二）何　遷

何遷（1501～1574），字益之，號吉陽，其說主「知止」。

> 《大學》教人以知止爲先，而后定靜安慮由之……止者，此心感應
> 之幾，其明不假思，而其則不可亂，善而無善，所謂至善也，有所
> 不止焉，思以亂之，非其本體也，是故聖人亟指之，而欲以其知及
> 之，信其本無不止之體，而究其有所不止之由，即感應之間，察流
> 行之主，使所謂不思而明，有則而不可亂者，卓然見於澄汰廓清之
> 餘，而立於齊莊凝聚之地，是則知止之義。〔註30〕

〔註28〕《明儒學案》，〈甘泉學案二〉，卷三十八，頁918。
〔註29〕《文集》，卷七，頁73。
〔註30〕《明儒學案》，〈甘泉學案二〉，卷三十八，頁924。

何遷「知止」之說，是在心與物感應之幾，察其氣化流行之主宰，去其執滯渣滓，以「立於齊莊凝聚之地」。甘泉「心性氣合一」之說，即當心應於事，得體其中正之處，而合一於中正之性理。因此何遷「知止」之說可謂是承甘泉之學的進一步發揮，只是何遷強調在心之感應之間，有所謂「不思而明，有則而不可亂者。」，似乎並不如甘泉「中正」之義來得明確，亦使主旨有所模糊。

（三）洪　垣

洪垣（生卒年不詳），字峻之，號覺山。甘泉曾云：「是可傳吾釣臺風月者。」〔註31〕而器重之，其說主調停湛、王二家。其論王學之長與弊云：

> 陽明公之言曰：「獨知之知，至靜而神，無不良者，吾人順其自然之知，知善知惡為良知，因其所知而為善以去惡為致良知，是於行上有功，而知上無功。」蓋其所謂知，自夫先天而不雜于欲時言之，是矣……一時學者喜於徑便，遂概以無心之知為真知，不原先天，不問順帝之則，如尊教所為，任性而非循性者，是過懲意識之故也。
> 故嘗謂陽明公門弟之學，似倚于微而無上天之載，失之倚，非良矣。
> 愚故尊之喜之，取以為益，雖嘗學焉而未得也。〔註32〕

陽明「心即理」，以心之良知即「天理自然明覺發見處」，自能「知善知惡」，由一念之自覺即可反身致其良知，此良知雖內在於吾心，實則亦為天地萬物之本體。故既內在為吾人之主宰，又普遍且超越於天地萬物而為其本體。

因此洪垣從「自夫先天而不雜于欲」處言良知，可謂把握住其良知的超越義，或其是由甘泉學中天理的超越義來契會，因此對於良知落在個體處，而由心之真誠惻怛來指點的主體義，其體會便有所不足。

雖然如此，但洪垣站在良知的超越義處，仍見到王學其時所生的流弊，而有所諍言。其所謂「任性而非循性」，所任自是氣質之情性而非義理，故言王門後學之弊，乃是「倚于微而無上天之載」，即把良知說得太玄妙，以致流於空疏任性，洪垣由良知的超越義上見到王學之弊，可謂一語中的。而洪垣對於甘泉之學的所長所弊，則云：

> 甘泉公竊為此懼，乃大揭堯舜授受執中心法，踽踽補以中正之語，……後來學者因有執中之謂，亦惑於感應之際，舍初念而逐善惡是非之端，以求所謂中正者。恐未免涉於安排，而非性體之自然，

〔註31〕前引書，〈甘泉學案三〉，卷三十九，頁928。
〔註32〕前引書，〈甘泉學案三〉，卷三十九，頁942。

> 故嘗謂甘泉公門弟之學，似又倚於顯而有處，失之倚，非中矣。愚
> 實尊之信之，視以為法，雖嘗學焉而未至也。顯之失，尚有規矩可
> 循，微之失，則漸入于放而蕩矣。〔註33〕

甘泉學的特色，正是在以氣之中正處為天理之義，故其天理乃重其超越性與
客觀性，對於個體則重在心知的開拓與習心的煎銷，以求得把握那中正之理。
因此覺山不愧為甘泉衣鉢，對於甘泉學的主旨，把握的很清楚，覺山並進一
步的反省，指出甘泉學所可能產生的流弊，就出在所謂「中正之理」的難以
把握。中正之理乃一形上的價值本體，但後學卻把它落在形下看，於是逐善
惡之兩端而取其中，以為此乃中正之義，殊不知此已涉於人為安排，陷於善
惡不分之境地，而非真順天道本體之中正之義。

因此甘泉學之流弊，正與王學相反，並非流於恣情縱性，而是流於做作
安排。故洪垣云「似又倚於顯而有處」。

洪垣可謂善識二家之所長與其所短，故言其主「調停湛、王二家之學」。於
甘泉之學則曰：「體認天理是不離根之體認。」，〔註34〕主張從「生幾上時時照
察」，〔註35〕即由感通之作用上體察，以矯後學做作安排之病。於陽明之學則諍
之以「戒懼」，而曰：「物交知誘，非有戒懼存於其間，則其所率所謂道者，果
知其為性道之本否乎？」，〔註36〕即惟「戒懼」可免流於情識而肆之弊。

（四）唐樞

唐樞（1497～1574），字惟中，號一庵，其說曰「討真心」。其「真心圖
說」云：

> 外一圈，元氣之謂也，次中一圈，人身之謂也，最中一圈，人心之
> 謂也。元氣即太極，可見者為天地，人受天地之中以生，而心具中
> 理，……人為萬物靈，心具天地之中也，人即天，天即心，心無弗
> 有，無弗能，宰制萬物放諸四海而準，與天地參，不容偽者也，著
> 一物為塞、為偏、無私、為軀殼之身，是謂失其真心。〔註37〕

唐樞「真心圖說」顯然是仿甘泉「心性圖說」而作，但其內涵卻有所不同。

〔註33〕 同註32。
〔註34〕 前引書，卷三十九，頁934。
〔註35〕 前引書，卷三十九，頁937。
〔註36〕 前引書，卷三十九，頁940。
〔註37〕 《明儒學案》，〈甘泉學案四〉，「真心圖說」，卷四十，頁956。

其思維路徑與甘泉同，皆由天道論入手，唐樞已受廷相影響，而以「元氣」取代甘泉「渾然一氣」之說，其亦承襲甘泉而以「天地之中」為理，只是甘泉是主「心性氣合一」，唐樞則已落於心體上，而言「人即天，天即心，心無弗有、無弗能、宰制萬物、放諸四海而準，與天地參。」，而主「真心」，可謂已受到陽明心學的影響。

> 陽明先生教致良知，學者昧於致之之義，妄詆良知不足倚靠，錯認工夫為太容易，殊不知人人自知實有之心，雖被外面見聞牽引，實有之心常在這裏，這便是良知，即此真察而真行之，便是致。……若謂實有之心棄而不用，是不尋討之罪也。〔註38〕

以「真心」即「良知」，以「真察而真行之」即是「致」，則一庵「討真心」之說，即陽明「致良知」也。故宗羲亦評唐樞之學「於王學尤近」，〔註39〕誠然，蓋唐樞之說確已遠離甘泉之學旨，而融入了王學之洪流中。

　　觀以上甘泉諸弟子之學，可以說皆只就甘泉之學中的一點發揮，而欠缺一貫的主張作深入的探討，甘泉學的特色，除重視道德天理的超越與客觀義外，便是由認知心轉作德性心的心性論，故其工夫既要在理智上開拓認知心，又要在實踐上消解習心，以凸顯道德主體。惜乎甘泉弟子們在這方面皆沒有作進一步的探究，反受到陽明心學的影響，或思以會通，或根本悖離而偏向，在義理沒有更推陳出新。當然甘泉學理論本身，所謂「氣之中正」之理的難以把握，以及在「勿忘勿助之間」究是如何轉化等？理論上的缺陷，亦可以說是甘泉之學日益沒落，或漸融於王學之流的重要原因。

　　侯外廬等先生論及甘泉之學不及陽明學興盛的原因，所謂頗公允，其云：

> 江門遠不及姚江，究其原因，王守仁在當時事功卓著，影響大，固是一方面原因；另一方面，也由於江門心學主旨多變，對心學的理論主題，缺乏一貫的、連續的提法和論證，致使江門心學的師生關係中，理論的承接與發揚，較為薄弱，湛若水之後就漸漸失去中心，和作為一個學派所必須具有的統一的理論標誌，進而導致這一學派不振和衰落。〔註40〕

陽明聲名與功業的顯赫，與其「致良知」思想的簡易直捷，固然對當時的人

〔註38〕前引書，卷四十，頁960。
〔註39〕前引書，卷四十，頁950。
〔註40〕《宋明理學史下》，頁195。

心，有著極大的吸引力。但甘泉學的沒落，最大的問題，仍是在甘泉學派本身，其弟子在傳承上，沒有統一與一貫的主張，以致於沒有在甘泉已有的基礎上，更進一步的發揮，使得甘泉之門庭始終不若王門興盛，恐怕這才是最主要的原因。

二、對王學流弊的針砭

宗義在《明儒學案》中，曾論及湛、王二家之傳，其云：

> 王、湛二家，各立宗旨，湛氏門人雖不及王氏之盛，然當時學於湛者，或卒業於王，學於王者，或卒業於湛，亦猶朱、陸之門下，遞相出入也。其後源遠流長，王氏之外，名湛氏學者，至今不絕。〔註41〕

由以上可見，湛、王二家門人相互往來非常密切，甘泉門下雖不若王門興旺，但亦綿延不絕，並且亦常站在甘泉之學重實踐、重學問思辨的立場，與王學門人時有論辨，尤以陽明沒後，王學漸流於空疏放蕩，以致流弊叢生的時候更多。以下便述其大要：

（一）龍　溪

何遷便曾就龍溪之學，只重心體，不重功夫的弊病，提出批評道：

> 陽明之學要於心悟，而取撰于致知，將以探言行所本，闢夫滯見聞而習度數者之非，……彼舍言行而別求一心，與夫外功力而任本體，皆非其旨也。嗣後一傳百詑，師心即聖，不假學力，內馳見於玄漠，而外逃失於躬行，後生不察，遂謂言行不必根心，而聖人之學不足達於用，由是繼之以畔。〔註42〕

宗義曾言：「陽明先生之學，有泰州、龍溪而風行天下，亦因泰州、龍溪而漸失其傳。」，〔註43〕蓋龍溪以「四無」之說立教，倡先天之學，言良知當下現成，不假工夫修整而後得。其同門緒山在〈復王龍溪〉書中即言：「日來論本體處，說得十分清脫，及徵之行事，疏略處甚多，此便是學問空處。」，〔註44〕而何遷以「師心即聖，不假學力，內馳見於玄默，而外逃失於躬行」，批評龍溪之學的空疏廢學，確中其病。

〔註41〕《明儒學案》，〈甘泉學案一〉，卷三十七，頁876。
〔註42〕前引書，卷三十八，頁925。
〔註43〕《明儒學案》，〈泰州學案一〉，卷三十二，頁703。
〔註44〕前引書，〈浙中王門學案一〉，卷十一，頁233。

（二）泰　州

王門另一支影響深遠的學派，即是泰州之學。創始人王艮（1483～1540），倡「百姓日用即道」，言「百姓日用條理處，即是聖人之條理處。」，〔註45〕王艮將良知之學更進一步落實在日用之間，使人人易知易行，遂造成一時風行。但也因將良知講的太易太簡，以致泰州之學傳至「顏山農、何心隱一派，遂復非名教之所能羈絡。」，〔註46〕其流弊竟至恣情縱性無所不為。

洪垣便曾致書顏鈞（生卒年不詳），以論其學之非是。

> 心齋〈王艮〉之學，同志每以空疏為疑，……今曰性如明珠，原無
> 塵染，有何睹聞？著何戒懼？故遂謂平時只是率性所行，……夫既
> 如明珠矣，既無塵染矣，不待戒懼矣，其所放逸者，又何從而有之？
> 而又知之？所謂率者又何事乎？平時無事，難以言功，止合率性，
> 性本具足，不必語修，則誠似矣。然物交知誘，非有戒懼存於其間，
> 則其所率、所謂道者，果知其為性道之本否乎？〔註47〕

龍溪之學太偏于本體，以致入於玄漠，失於躬行；王艮之學則又太偏於日用常行，以致失落了良知的超越義，而流於任性放逸，所謂「平時無事，難以言功，止合率性，性本具足，不必語修。」之類。故洪垣乃規之以對性體的「戒懼」，以期能重振性體的超越義。

萬曆二十年前後，諸學者畢集南京，以為講學之會，泰州後學周海門（1547～1629），引龍溪〈天泉證道〉一篇，而倡「無善無惡」之說，湛學學者許敬庵（1535～1604）不滿其說，作「九諦」以難之，海門亦作「九解」以駁之，〔註48〕此乃當時學術界一大盛事。亦可見湛、王二家之學的論辨，直至於晚明仍未休。

王學的傳佈與風行，得力於龍溪與泰州，龍溪之學究其高明處，不免涉於虛玄；泰州之學務於躬行，其弊乃至於恣情而肆，而甘泉學雖在傳承上，或無一貫之宗旨，或偏向於陽明心學一邊，以致不若王學興盛，但甘泉門下亦未完全融入心學之中，且不時地站在湛學的立場，或基於超越的性體義的堅持、或強調學問思辨的工夫，而對王門後學展開批評，尤以後期王門流弊

〔註45〕《明儒學案》，〈泰州學案一〉，卷三十二，頁715。
〔註46〕前引書，卷三十二，頁703。
〔註47〕《明儒學案》，〈甘泉學案三〉，〈答顏鈞〉，卷三十九，頁940。
〔註48〕關於「九諦九解」之辨，可參考《明儒學案》卷三十六，「泰州學案五」，頁
　　　67。

叢生，社會價值紛亂的晚明，更有發人警省的作用。

甘泉後學所以得批評王學之弊者，主要在於甘泉學說中吸收了朱學的內涵，主張由學問思辨的途徑，以呈現道德主體。因此湛學學者站在道德本體的立場，皆能認同於心學的主張，但在強調積累的工夫途徑上，自然對於龍溪直接在心體上證悟之說，便批評其廢學；對於泰州在日用常行處得力，則便批評其任情而失落主體價值義。此皆源於甘泉之學本身既具朱學的工夫義，又有心學的終極關懷之故。

具有這樣特色的甘泉之學，再比較於針對晚明王學流弊所生起的一股「朱、王合流」的思潮，似乎另有一番不同的啟示與價值。

三、晚明「朱、王合流」的思潮

錢穆先生曾論及晚明思潮，而云：

> 明代自陽明崛興，提倡良知，天下風靡，遂絕少言及朱子，及其流弊曝者，學術界乃有由王返朱之傾向，而顧涇陽、高景逸之東林講學，實為之倡。〔註49〕

陽明「致良知」的提出，對應於當時朱學發展上的困頓，無疑地是為其時的思想界，另闢了一個出口，打開了另一個新局面，無怪乎心學迅速地贏得時下的人心，而成為明中以後思想界的主流。但如上節所述，龍溪、泰州之後，流弊日生，高之者，或談玄涉虛；卑之者，則無所不為，至於晚明而流弊叢生，是以顧涇陽、高景逸等東林學者繼起，主張以朱學矯王學之弊，遂使晚明興起一股「由王返朱」的新思潮。

顧涇陽（1550～1612），字叔時，號涇陽，其面對時下的亂象，言道：

> 陽明先生開發有餘，收束不足，當世人桎梏於訓詁辭章間，驟而聞良知之說，一時心目俱醒，恍若撥雲霧而見白日，豈不大快。然而此竅一鑿，混沌幾亡，往往憑虛見而弄精魂，任自然而藐兢業，陵夷至今，議論益玄，習尚益下，高之放誕而不經，卑之頑鈍而無恥，仁人君子又相顧徘徊，喟然太息，……以考亭為宗，其弊也拘；以姚江為宗，其弊也蕩，拘者有所不為，蕩者無所不為，……論學之弊亦應曰：「與其蕩也寧拘」，此其所以遜朱子。〔註50〕

〔註49〕《中國學術思想史論叢七》，〈顧涇陽高景逸學述〉，頁245。
〔註50〕《小心齋札記》，卷三，頁62。

陽明之學，是在明中期朱學僵化與繁瑣下，提倡良知本自具足，惟在一念善
惡之自反，不須向外窮理即可得，簡易直捷的特色，遂為一代之思潮。但至
於晚明，後學積弊漸生，涇陽此時所看到的亂象是「議論益玄，習尚益下，
高之放誕而不經，卑之頑鈍而無恥。」等忽視工夫，失落性理的士風亂象，
這使得涇陽開始對王學予以批判，並對朱學有了新的評價，所謂「與其蕩也
寧拘」，於是朱子的地位，在晚明又得到了士子們的推崇。其云：

> 孔子表章六經，以推明義堯諸大聖之道，而萬世不能易也。朱子表
> 章《太極圖》等書，以推明周、程諸大儒之道，而萬世莫能易也。

〔註51〕

涇陽可謂將朱子推致與孔子相同的地位，意在強調六經聖道的重要，因此「由
王返朱」是這一時期的學術傾向，但並不是單純的回返朱學的義理，而是結
合了王學的精華，再輔之以朱學的篤實，形成一股「朱王合流」的思潮，其
中成就較大者，是高攀龍與劉宗周。

（一）高攀龍

高攀龍（1562～1626），字存之，號景逸，景逸亦附和涇陽而倡尊朱，其云：
「孔子之教四，曰文行忠信，惟朱子之學得其宗，傳之萬世無弊。」，〔註52〕
蓋景逸是從「教法」的角度尊朱，即朱子的篤實踐履，是最得孔子「文行忠信」
四教之旨。景逸並進一步結合朱、王二家之說，重申「格物」新義。

> 伊川曰：「在物為理，處物為義」，此二語關涉不小，了此即了聖人
> 艮止心法，胡盧山以為心即理也，舍心而求諸物，遺內而徇外，舍
> 本而逐末也。嗚呼！天下豈有心外之物哉，當其寂也，心為在物之
> 理，義之藏於無朕也；當其感也，心為處物之義，理之呈於各當也。
> 心為在物之理，故萬象森羅，心皆與物為體；心為處物之義，故一
> 靈變化，物皆與心為用，體用一源，不可得而二也。物顯乎心，心
> 妙乎物，妙物之心，無物於心，無物於心，然後能物物。故君子不
> 從心以為理，但循物而為義。〔註53〕

景逸針對伊川「在物為理，處物為義」之說，重新消化心學精華，而賦予以
新義，即統之以心，而言「心為在物之理」、「心為處物之義」。陽明曾云：「此

〔註51〕前引書，卷三，頁55。
〔註52〕《高子遺書》，卷九上，頁23。
〔註53〕前引書，卷三，頁34。

心在物則爲理」，〔註54〕攀龍於此可謂不違陽明「心即理」之旨，當心之未發時，此理此義均內在於此心而未顯，所謂「萬象森羅」者。故心必格物，方能有所感發而呈現此理，然後循物以義處之，即格不同之物，便呈現不同之理，亦各處以不同之義，是謂「因物付物」，如此行義既畢，物皆得其則，而心亦不著物，是所謂「無物於心」，是亦契合陽明「無善無惡」之旨。〔註55〕

景逸此論頗爲精闢，其旨既不違陽明「心即理」之說，而又結合朱學「格物致知」的工夫。即理之本體仍具於心，但卻不能經由一念之自覺而復其良知，而是須要透過格物工夫方能顯，亦即此心森羅萬象之理，有待格其森羅萬象之物而後可得。可以說景逸保留陽明「心即理」作爲本體的地位，但又吸收朱學格物之義，以矯王學後期偏于玄虛與情識之弊，表現出「朱王合流」的傾向。

（二）劉宗周

劉宗周（1578～1645），字起東，號念臺，其亦對當時良知之流弊深感不滿者，宗周云：「今天下爭言良知矣，及其弊也，猖狂者，參之以情識，而一是皆良；超潔者，蕩之以玄虛，而夷良于賊。」，〔註56〕可知宗周對王學之流弊，亦深有所感。

王學之弊，在於性體義的失落與工夫義的欠缺，故有「參之以情識」與「蕩之以玄虛」之病，宗周針對於此，在重建本體的超越義方面，乃提出「性宗」之說。

> 君子仰觀於天，而得先天之《易》焉，「維天之命，於穆不已」，蓋曰天之所以爲天也，「是故君子戒慎乎其所不睹，恐懼乎其所不聞」，此慎獨之說也。至哉獨乎，隱乎微乎，穆穆乎，不已者乎，蓋曰心之所以爲心也。則心一天也，獨體不息之中，而一元常運，喜怒哀樂四氣周流，存此之謂中，發此之謂和，……至隱至微，至顯至見也，故曰體用一原，顯微無間，君子所以必慎其獨也。〔註57〕

宗周首先上契《中庸》，言性體之所本乃自於「維天之命於穆不已」之天道本體，此體便是「天之所以爲天」的本質，是爲絕對至善的「獨體」。此獨體至隱至微，而又生生不已，落於個體中則爲性，乃「心之所以爲心」者。故性

〔註54〕《傳習錄下》一二二，頁165。
〔註55〕參考唐君毅，《中國哲學原論·原性》，頁490。
〔註56〕《劉子全書》，卷六，頁441。
〔註57〕前引書，卷二，〈語類二〉，頁216。

體之所存養者，即在存此「獨體」；心體之所生發者，亦在發此「獨體」，故曰「體用一原，顯微無間」。因此宗周強調「慎獨」，對「獨體」而言，即在重建性體的超越義；落實在心體上，則可貫徹良知之發用感通以著性。

宗周言：「《大學》言心，到極至處便是盡性之功，故其要歸之慎獨。《中庸》言性，到極至處只是盡心之功，故其要亦歸之慎獨。」，〔註58〕慎獨之作用，在心須存得此獨體以爲其體，則心之道德本體義立，而獨體亦待心之生發以盡其用，則良知感通之用無不中和，使盡心即是盡性，盡性即是盡心，慎獨之功既保住心體之道德義，亦貫徹性體之道德義於言行中。故宗羲稱其師（宗周）之學，曰：「先生宗旨爲慎獨」，而宗周即是由慎獨工夫完成「以心著性」及消化調整王學的。

此外宗周的《人譜》，亦有一套細密的實踐工夫，以貫徹其慎獨之學。唐君毅先生論其功夫之精要，云：

> 蕺山（宗周）之學，自其如何由超一般之營構心、緣著心、生滅心，識得此心體。……人之靜存此體之工夫中，兼有卜動念以知幾之省察，則此體未發而未嘗不發，此即攝朱子之「涵養」外，所別出之「動察」于此靜存之中，亦攝陽明之教之二變以後，所重之良知之知善知惡于此心之自作主宰、自誠其意之中。此靜存者之主乎其身，以定威儀，則程朱之主敬、整肅心身之意。至言敦大倫、備百行、以接人物，……此即窮理、格物、致知，而使物物得其所，得其正之學也。〔註59〕

由上述可知，爲王學之後的宗周，除上契《中庸》「維天之命，於穆不已」的天道獨體，以重建其「性宗」的超越義，以拔振良知之弊於情識之中，並吸納了朱學的「涵養」、「動察」與「主敬」等篤實踐履功夫，以矯玄虛之病。因此宗周之學，也可謂是「朱、王合流」思潮下的代表。

晚明這股「朱、王合流」的思潮，乃由於不滿於王學末流的狂蕩與虛寂，遂嘗試援引朱學之工夫以矯其弊。茲不論這樣的結合是否可能？但「朱、王合流」卻反映出這一時期的特色，而甘泉學與這股思潮又有何關係？前述所論，可知甘泉學中吸收了朱學的諸多理論，且與王學亦有會通之處，當然甘泉在當時是不可能看到王學之流弊，所以甘泉可以說是不自覺的早已在走

〔註58〕前引書，卷十，〈學言上〉，頁 611。
〔註59〕《中國哲學原論・原教》，頁 493。

朱、王會通之路，惜乎晚明這股思潮，學者們並沒有注意到，甘泉在朱、王會通的成就上已達到的高度，雖然宗周嘗受學於甘泉後學靜庵，但他也並沒有提到甘泉，否則對晚明「朱、王合流」的時代課題，當可站在甘泉已有的基礎上，作更成熟的發展，此乃殊爲可惜。

四、由「朱、王合流」再論甘泉學

（一）「氣之中正」之補偏救弊

甘泉之天道論，其基礎在「渾然一氣」，而以「氣之中正」名理、名道，由此氣之遍運於宇宙萬物，故此理亦遍存於內外心物之間，而爲一既內在又客觀的價值本體。因此甘泉天理義的凸顯，是不偏于內亦不偏于外，而是內外一於中正時方呈現，故云「天地人物彼此一氣耳，氣之精悴即中也，氣無人我故中，混人我而致中則存乎心，此在心爲理，非有內外可言也。」，〔註60〕是爲「心性氣合一」的義理型態。

由「朱、王合流」的角度觀察，甘泉是以「氣之中正」這一定義來會通朱、王，蓋朱子之理乃爲「氣之所以然」的靜態之理，故不免偏于外，而析心與理爲二；陽明倡「吾心之良知即所謂天理」，〔註61〕將天理收攝於良知處，又易偏于內，其弊則淪爲情識或流於玄虛。而甘泉「氣之中正」之天理義，不偏于內外二端，其必待心、氣之合一于中正而後顧。故甘泉之心體有主，可矯朱學偏外煩瑣之失，甘泉亦有一超越的性體提振，可免王學偏內固執之弊。因此甘泉「氣之中正」的天理義，對朱、王二家確有補偏救弊的作用。

（二）心性義的轉化

甘泉論心由認知心始，所謂「凡謂之心，皆指具於形氣者言。」，〔註62〕同朱子一樣，是由經驗層的認知心契入，因此心具認知事理的認識能力，同時也須要學問思辨工夫的開拓，以使心免於愚昧之蔽。但是和朱子論心不一樣的是，朱子之心只當去認識性理，本身無法即是性理，是析心與理爲二。甘泉的認知心在學問積累之後，卻可以透過「勿忘勿助之間」的過程，以至

〔註60〕《文集》，卷二十三，頁57。
〔註61〕《傳習錄中》六，頁69。
〔註62〕《文集》，卷四，頁10。

於中正，在感應的「知幾」中，便得轉作道德之性體，發而為真情，使心性是一，而此轉化的基礎在「氣」。

蓋「渾然一氣」生化宇宙萬事萬物，落實在個體中，其形氣之知覺曰心，當心體察萬物而契其中正之處，即心氣合一於中正時，則心即轉化為中正之性理以應事。故云：「心與事應，然後天理見焉。……體之者心也，心得中正則天理矣。」，〔註63〕因此甘泉之心的內涵是較為特殊的，當心未與氣合于中正時，心為認知心；而當合一于中正時，心則轉為德性心。

故甘泉之心的特殊性，使其得以會通朱、王二家之心性論，此即如何由朱子之認知心轉為陽明之德性心的問題？茲不論其是否成立？但甘泉提出了一個值得參考的理論，即藉由「氣之中正」這一定義來轉化，即使形氣之知覺與中正之性理，皆以「氣」為基礎，故二者並非本質上的差異，只是狀態上（中正與否）的不同而已，而其狀態的改變關鍵，則在「勿忘勿助之間」的工夫過程。此一理論有其邏輯的合理性，而最大的問題與關鍵也在這「氣之中正」，可否作為一德性心的內涵？此在下節中再詳述。

雖然如此，但甘泉確是碰觸到了朱、王二家義理的根本歧異處，即認知心與德性心的會通問題？他並嘗試提出一套理論，來解決二者間的歧異點。這是一個值得重視的嘗試，即使在晚明「朱、王合流」的思潮中，不論是景逸或宗周，他們雖然皆嘗試結合朱、王二家，但實則仍是站在王學的心體上，輔以朱學的工夫而已，還沒有碰觸到朱、王兩家是否能夠會通的問題核心？實則無論是「由朱會王」或「由王會朱」，若沒有解決上述的核心問題，則是不可能有更進一步的發展的，因此甘泉的嘗試與成就，有其學術上的價值與深意。

（三）工夫義的會通

甘泉的修養工夫曰：「隨處體認天理」，而其工夫內涵在吸收朱學方面，主要有「知行並進」的學問思辨，「執事敬」的專注凝斂與「格物」工夫，而消化白沙心學方面的工夫，有「煎銷習心」與「勿忘勿助之間」的消解，是以甘泉的工夫義，也具有獨厚的合流色彩。即由朱學「格物致知」的工夫入手，卻又吸收心學消解廓清的工夫過程，而最後的目的同樣是在呈露性體。

甘泉對二家工夫義的結合，在晚明「朱、王合流」中得到了發揚，景逸

〔註63〕前引書，卷七，頁28。

即主張良知之理，必待朱子之「格物」而後顯；宗周也吸收了朱子諸多的工夫義，以貞定「慎獨」之功。

由以上所論，可以看出甘泉學在「朱、王合流」角度上，所呈現的另一番價值，第一點：甘泉以「氣之中正」爲理、爲道，此義不僅具朱學客觀的性理義，亦含王學內在的良知義，對於二家之偏弊，正好有互補之功。第二點：對於認知心與德性心的轉化問題？甘泉提出以「氣」作爲二者轉化的基礎，以「勿忘勿助之間」作爲其轉化的關鍵，如此尋求會通的嘗試，值得後人重視並進一步的探究。第三點：結合朱、王二家的工夫，以逼顯德性主體這一路，則在晚明思潮中，得到了景逸與宗周的發揚。

此外，我們也當注意，甘泉的會通與晚明的「朱王合流」有些不同，亦即甘泉在路徑上應是由朱學以會通王學，而晚明諸儒卻是由王學來通朱學，這或許是與時代的主流思潮有關，此點也可看出明中期至晚期學風的轉變，雖然如此，但甘泉在會通朱、王二之學這一議題上，確當居一先驅的地位，而不應受到漠視。

第四節　義理的衡定

一、「氣之中正」的疑義

甘泉「心性氣合一」的義理模型，雖富于合理性，但由今日的角度來看，則其所謂「氣之中正」之說卻有其疑義。

首先，此「氣之中正」之義，是建立在客觀的「渾然一氣」上，人與萬物皆爲此氣所化生，故「中正之理」亦普遍且內在于人與萬物之中，而唯人能體其「中正之理」，此亦人之所以爲人之價值。

此「中正之理」雖內在于人心，但卻不能透過人之自覺自反，以主動去呈現主體，而必經由心與事應，使心、氣合一於中正之處，此天理主體方能被動地被呈現、被喚醒，以保住此天理義的客觀性與超越性。

《中庸》、《易傳》與濂溪、橫渠亦是皆自天道處講道德根源，但其言「太極」、「誠體」、「太和之道」等，客觀且超越之天道本體，亦必落下來在個體處，言：「誠者天之道也，誠之者人之道也。」、〔註64〕「一陰一陽之謂道，

〔註64〕《中庸》，第二十章，頁18。

繼之者善也，成之者性也。」，〔註65〕以言個體可經由道德實踐，呈現人心所稟內在之性體，以上契于天道本體，是爲「天道性命相貫通」的義理型態。

今甘泉亦由天道論之思路契入，而倡言性體超越的客觀義，但卻缺乏下貫後具于人心中的道德依據，使人心內在之性理，無法在實踐中主動去呈現。是以雖主向外體察尋求，以求能契合於心，物之中正者，但「中正」之標準在何處？卻值得存疑？是以不免落於形下，而流於因襲陳見，或認賊作父，錯認目標，此當因未以人心爲本，而冀望立一絕的「中正」標準之故。是以陷於他律道德的危險中。甘泉弟子洪垣，在論及甘泉之學時，便有此憂，其云：

> 後來學者，因有執中之謂，亦惑於感應之際，舍初念而逐善惡是非
> 之端，以求所謂中正者，恐未免涉於安排，而非性體之自然。〔註66〕

「逐善惡是非之端，以求所謂中正者」，可謂一語中病。此乃因爲「中正之理」位於客觀的心物之間，人無法在內在心中得其判斷的依據，故唯以認知善惡是非之兩端而取其中，如此其所根據非內在好善惡惡之德性本體，而不免落於想像安排，是其所謂「德性」，恐非眞德性矣。

因此「氣之中正」之說，其立意雖佳，但以其並非立基於內在心體，以致失其所據，而成爲甘泉理論的一大缺陷，亦因而使得甘泉「隨處體認天理」有被架空之嫌，遂偏向於外在之逐物，也由於對「中正」之義的難以把握，也使得甘泉學的傳承，難以持續一貫的論旨而進一步深化。

二、認知心與德性性轉化的疑義

甘泉學的另一項特色，是認知心與德性心的會通問題？以今日的角度看來，這樣的嘗試恐怕是有困難的。

首先，認知心與德性心二者，所司是兩個不同的範疇。認知心所考察者，是實然之物的曲折之相，而德性心所主者，則是道德判斷的善惡與行爲上應當與否的問題，而甘泉所嘗試的是，主張由考察事物的曲折之相中，更進一步能夠體得道德上應當與否的判斷。這恐怕是不可能的，因爲由事物曲折之相的考察中，所得者只是事物本身客觀之理，它可使我們更易去掌握事物的規律，但其本身並不具判斷是非善惡之能力，判斷是非善惡的能力，必在人

〔註65〕《易繫辭上》，五章，頁5。
〔註66〕《明儒學案》，〈甘泉學案三〉，卷三十九，頁943。

心的德性層顯，唯在此心作自覺的功夫，以自反於吾人之良知善性時始得。

因此即使是對道德之理的探討，也只是能誘發吾人之道德意識，但眞正道德的判斷，亦必由己心之自覺自律自反，方可得其眞。不如此則一切之標準，皆只是他律道德而已。故甘泉的嘗試，是沒有把握住認知與德性本質上的不同之故。因此若只是將其視之爲一「教法」，則可。

雖然認知心與德性心二者，所主宰者是不同的範疇，但二者也並非完全不相干，蓋二者實是相輔相成的，尤其在高唱開創現代新儒家的今日，如何繼過去傳統已開出德性主體後，另外再開出一知性主體。這一課題在今日更具一重大的時代意義，牟宗三先生曾針對此問題，提出「良知坎陷」的解決方法。牟先生云：

> 吾心之良知決定此行爲之當否？在實現此行爲中，固須一面致此良知，但即在致字上，吾心之良知亦須決定自己轉而爲了別，此種轉化是良知自己決定坎陷其自己，此亦是其天理中之一環，坎陷其自己而爲了別以從物，從物始能知物，知物始能宰物，及其可以宰也，他復自坎陷中湧出其自己，而復會物以歸己，成爲自己之所統與所攝。……此方是融攝知識之眞實義，在行爲宇宙中成就了知識宇宙，而復統攝了知識宇宙。〔註67〕

牟先生以爲良知所司者，是行爲的價值判斷，但在做這樣的判斷過程中，也包括了對外在事物的認知，此時良知會自動「坎陷」，而使心專注於窮究事物之理，當事物之理得，良知復「湧現」，以含攝事物之理，使良知之判斷得貫徹於外，以成就德業。此「良知坎陷」之說，雖仍有其爭議性，〔註68〕但不容諱言的，傳統儒家較偏向於成德之教的探討，而較忽略客觀事物的經驗知識的探討，確是不爭的事實。且良知要流行貫注於日用之間，亦不能欠缺客觀知識的輔助，即德性心的自覺自反，固是成德之教最重要的課題，但知性主體的開出，知識宇宙的成就，不僅不背於德性主體的養成，更能充實豐富且影顯德性主體的流行發用，亦有其不可抹滅的價值。

故由今日的眼光來看，甘泉由認知心轉化爲德性性的嘗試，無寧說是不可行的。唯有由德性主體來統攝、主導知性主體，或許方是一條可行之路，亦是現代儒家尚待努力的新方向。雖然甘泉之學在此有其缺陷與不足處，但

〔註67〕《從陸象山到劉蕺山》，頁250。
〔註68〕關於此論題，可參考《當代新儒學論文集》，〈外王篇〉，頁179。

其本身仍表現出對「朱、王合流」論題上的敏感與動察，及在會通上所開之新方向，和逼顯出的自律與他律道德的分野，有助於我們了解明代中期理學思潮的多元與豐富，並予現代儒學的新方向亦有所啓發。

第七章 結 論

第一節 甘泉學的思想特色

　　甘泉之學旨，曰「隨處體認天理」，而其義理的展示，據本文之所歸納，乃爲「心性氣合一」的類型。所謂「心性氣合一」者，即以認知心的體察作用、形下之氣的對象與中正之性理，爲主要組成架構，其主張由認知心體察於形下之氣，當心契于氣之中正時，則合一于天理，而表現出道德之規範。因此若無心之體察，則無以顯其天理；若無氣之對象，則心之所體者，只是知覺而已。同樣的，若無天理的呈現，則心、物之察識，只是逐物。故三者缺一不可，是謂甘泉之學乃爲「心性氣合一」的義理型態。

　　此類型態表現在「理氣論」方面，乃主張「以氣爲本」，強調以實事實務爲論理的基礎，不蹈虛說玄，「理」非在「氣」之外而別爲一物，「理」即在「氣」之中，「以氣之中正爲理」。當氣未至於中正時，不可認氣以爲理，是理氣有別；但當氣表現其中正之價值時，則爲「理氣合一」矣。

　　表現在「心性論」方面，其論「心」始由形氣之知覺處言，重心知之認識事理的作用，而性即理，是爲事物之中正之理。性理的呈現則有待於心知之體察，當心契于事物之中正之理時，便呈露出性理主體，發而爲仁義禮智四端之情，是爲心性情合一于中正之理。

　　「心性氣合一」之說，運用在「修養論」方面，所要解決的難題，是「心」與「氣」如何合一于「中正之性理」的問題？甘泉在這方面吸收了許多朱學的工夫，如「立志」、「執事敬」、「知行並進」等，但最關鍵的轉化則爲「勿

忘勿助之間」。「勿忘勿助之間」是一個消解的過程，藉由對情識之銷融以至於「心虛」，而在氣化流行之「生幾」處，復進一步呈露出天理，是為「心性氣合一」。此時「知行並進」的察識工夫，仍為「知行合一」的實踐涵養；而窮究事物之理的「格物」，也成為道德義的「修身」；而本為應事時專注態度的「執事敬」，亦在天理義的發見下，而為「敬義合一」。

故甘泉「心性氣合一」的義理模型，在「理氣論」、「心性論」與「修養論」方面，皆有其豐富的內容與其一貫的主張。此外，甘泉「心性氣合一」的理論本身，亦有其缺陷處，如以「氣之中正」名理，但所謂「中正」與否其標準何在？以其並非如陽明乃立基於本心之「真誠惻怛」處，更非如朱子以氣之所以然之理，是以甘泉所謂「中正」之說，其立義雖好，但由於其本體的難以把握，故易流於沿襲陳說以為義，而有陷於他律道德之危險。其次，是所謂「勿忘勿助」之說，其在甘泉學中，扮演了一個由認知心轉化作德性心的關鍵過程，但此所謂「勿忘勿助之間」，其實義究為何？卻有其模糊之處，是亦為甘泉學中一爭議較大之處。

此類型比較於朱子「性即理」與陽明「心即理」的理論型態，亦見其特色。蓋朱子「性即理」，乃以氣之所以然為理，其「理」為一形式上的靜態之理，而與實然之氣有別，是為「理氣為二」的型態；而在「心性論」上，則為心性情三分的格局；在「修養論」上，則主在涵養敬心、察識已發之情。

甘泉「心性氣合一」之說，雖同朱子皆由形氣之知覺處論心，但二者對「理」的看法上，卻有很大的歧異，即朱子主在氣化流行上，凸顯出所以然之性理的超越性。甘泉則是落實在氣化之中論性理之道德義，故主「以氣為本」，並以「氣之中正為理」，而導致其為「理氣合一」、「心性情合一」的理論主張，在「修養論」上則為攝認知于道德的涵養中。

故甘泉與朱子二家雖然在路徑上有其類似之處，但由於對「理」的不同主張，使得二家展現出不同的理論型態，朱子以「心性情三分」的格局去格物窮理，以求一朝「豁然貫通」而得契理；甘泉則由「心性氣合一」的理論模型，在當下的察識中，即可契于中正而與「理」合，此為甘泉較朱子為直捷處。

再比較「心性氣合一」之說與陽明「心即理」之說，蓋陽明以「吾心之良知，即所謂天理也。」，[註1] 而主「致良知」，即以良知為價值判斷之主

[註1] 《傳習錄中》，〈答顧東橋書〉六，頁69。

體而感通發用，應用於「理氣論」上，則是將「理」與「氣」皆攝于良知處，而言「若見得自性明白時，氣即是性，性即是氣，原無性氣之可分也。」，〔註2〕是亦爲「理氣合一」說；在「心性論」上，則爲「心即理也，此心無私欲之蔽，即是天理……發之事父便是孝，發之事君便是忠。」，〔註3〕是爲「心性合一」；而在「修養論」上，則強調良知之自覺工夫，反面的說是「發動處有不善，就將這不善的念克倒了，須要徹根徹底，不使那一念不善，潛伏在胸中。」，〔註4〕正面的說即是「知行合一」，所謂「知之眞切篤實處便是行，行之明覺精察處便是知，知行工夫本不可離。」。〔註5〕

　　因此，甘泉與陽明之學有諸多的共同點，如皆主「理氣合一」、「心性合一」與「知行合一」，而以德性心的涵養與發用爲學之宗旨，故二者皆屬「心學」的類型當無疑。

　　雖然如此，但二者在體驗的路徑上，卻有很大的不同。即甘泉仍是循朱子格物窮理的途徑，故主在氣中識理，先由「知行並進」的積累，再至「知行合一」的涵養。因此甘泉之學的路徑，乃屬漸進式的「心性氣合一」的型態；陽明則直由一念之善惡以致其良知，乃較爲直捷，故二者雖皆屬「心學」，但卻是兩種不同的義理型態。

　　因此從義理型態上言，雖然甘泉「心性氣合一」之學，既吸收了朱學的工夫路徑，又有王學的心學宗旨，但其實已自成一完整的理論體系，而與朱子「性即理」、陽明「心即理」的理論型態皆不同，故當視爲一獨立的「心性氣合一」的義理型態來看待。故甘泉學雖對朱學有所承、有所新，卻不當歸於朱學一派，以其已超越朱學的理論架構；對王學雖亦有所會通處，但在路徑上卻又有著根本的歧異，是亦不當劃入王學，而當予甘泉「心性氣合一」型態一個獨立的定位，以有別於朱、王二家才是。

第二節　甘泉學的時代意義

　　甘泉所處之時代，所面臨的最大困境，是朱學隨著科舉取士而日益僵化，使得超越的性理義逐漸失落，並隨著朱學「理氣爲二」、「心性情三分」的主

〔註2〕前引書，〈答問道通書〉七，頁85。
〔註3〕前引書上，「徐愛記」三，頁5。
〔註4〕引書下二六，「黃直錄」，頁126。
〔註5〕前引書中，〈答顧東橋書〉四，頁66。

張，而漸產生逐物之弊。白沙之學即始於「心與理宋能湊泊吻合」之病而起，其後乃拋下一切情識，而在「靜坐」中呈露心體，逐開明代心學之契機。

甘泉受學於白沙，承繼江門之學，其對江門之學的貢獻，在爲其學說建立起其理論體系。在「理氣論」方面，建立一以氣爲本，以氣之中正爲理的實然之氣的架構，以取代白沙混沌圓融的天道說。在「心性論」上，則吸收朱子「心性情三分」的分解，再進一步融合於「心性氣合一」之說的宗旨下，使其「心性論」的定義層次分明，且不礙其有會通之處。在修養工夫上，則捨「靜坐」之途，而主張由朱學「格物致知」的認知方式入手，並由「勿忘勿助之間」的過程，以至於中正，轉化作德性心的涵養與發見，以得白沙所謂之心體的呈露。

甘泉雖爲白沙之學建立了一套嚴密的理論體系，但也由於其主張由朱學格物窮理的工夫，作爲天理呈露的途徑，而與白沙之以「靜坐」爲主，確有很大的不同。白沙云：「學有積累而至者，有不由積累而至者。」，〔註6〕蓋道德本體的把握，白沙以爲乃與學問思辨並沒有必然的關係，道德的本質在於本心之自覺，故爲學重「自得」。但隨著甘泉之學的理論化，江門這種重自得的心學氣象，乃有了轉變。即甘泉之學顯然是主由「積累而至」者，故強調格物致知的工夫，重視實然之理的探討，如此便使得白沙之學風有所偏向了。

因此可說甘泉與白沙雖爲師生關係，且甘泉一生亦以弘揚白沙之學爲志業，故在江門之學的理論建構上，甘泉是有其貢獻的，但隨著甘泉理論的成熟，其不自覺的走出了屬於自己的道路，亦使得江門之學乃有所偏向於「道問學」的一邊，因此甘泉可自成一家，而不必附於江門之學下。是故宗羲《明儒學案》不將甘泉列於《白沙學案》之下，而爲其另立一《甘泉學案》誠爲有見。

此外，甘泉之學對應於當代的思潮，即朱學「理氣爲二」、「心性爲二」的困境，亦有其突破。在「理氣論」上，統之以氣，以氣作爲論理的基礎，復以「氣之中正」名理，使得理氣合一於「中正」的價值，以取代朱子以氣之所以然之理爲義，所產生的理與氣別爲一物之病；在「心性論」上，甘泉吸收朱子「心性情三分」的分解模型，同樣由實然之心氣契入，但卻進一步轉化爲「心性氣合一」的心學型態，使得「心」與「性」得在「氣之中正處」合一，以突破其「心性爲二」之弊；在工夫的體認上，甘泉是循朱子的途徑，主「格物致知」、強調「知行並進」，但最後又歸結於德性的涵養與興發，而

〔註6〕《陳白沙集》，〈復張東白〉，卷三，頁11。

言「知行合一」、「敬義合一」，以及以「修身」釋「格物」等。

因此甘泉與朱學亦有其密切的關係，其針對朱學之弊而提出的許多新看法，無非是在尋求對朱學的修正與突破，最後乃成其「心性氣合一」之心學型態。故此型態中，關於「理氣合一」、「心性氣合一」，以及既保留格物致知的途徑，卻又歸之於心學的德性心的特色，無疑的是深受時代的影響而有的產物，在此也可看出甘泉之學在時代思潮的推動上，是有其一定的貢獻的。

再比較於同時代其他諸儒的主張，亦可見其時代思潮的演變趨勢，針對朱學「理氣為二」之病，「理氣合一」的主張，似是此時常見的主張，除甘泉的「理」、「氣」合一于「中正」之義外。欽順亦由「理一分殊」之說中，言在氣化分殊之中，當契合于最高之理，以見其「一致之妙」的主張。廷相，則正式倡言「元氣」說，強調事理與義理二者不可偏廢，「理」即寓于「元氣」之中，渾然為一體。廷翰更強調「道即氣，氣即道」，主在氣化生生中，見其所由之道。陽明則與上述諸儒較不同，其乃將「理」、「氣」收攝於良知本體處而言「理氣合一」。

關於朱學「心性為二」的修正方面，上述已有白沙「呈露心體」與甘泉「心性氣合一」的兩種型態以修正此弊，當然陽明「致良知」的心學主張，亦是源於對朱學的修正而起，其完全擺脫朱子「心性情三分」的格局，直由本心之良知契入，在一念之為善去惡中致其良知，立其本體，是為「心即理」之類型，更成為明中以後的主流思潮。

因此從時代思潮的演變來看待甘泉學，則甘泉學本身乃呈現出豐富的時代特色，即甘泉學雖承於白沙，但其最後的成熟卻已不是白沙之學的原貌，而不可再視之為江門之下，其雖吸收大量的朱學工夫，但最後亦超越了朱學的範圍，故其實是自成一家之言。將其放在整個時代思潮下來看，其與白沙皆得歸於是對朱學之弊的反省，而甘泉「心性氣合一」之學，在此思潮的演變中，更具有重要的地位，其不僅相應於「理氣合一」的時代要求，亦呼應於「心性合一」的心學主流，而與白沙「呈露心體」、陽明「致良知」，皆當並列為三種不同的心學類型。因此可以說從明初以至於明中，針對朱學之弊，所產生的新的思潮回應，就至少有白沙、甘泉、陽明三種不同的理論型態發生，這是值得我們重視的現象。

故由甘泉學的豐富內容中，亦可見到這段時期思想的多元性，其有助於我們更進一步瞭解明代中期，由朱學漸至心學的這段過程中的思潮變化，其

發展是如此的多元與複雜，充分顯出各家的主體性與包容性，而甘泉之學在明中這段新舊思潮激盪的過程中，確是一個重要的標竿。

第三節　影響與啓發

　　甘泉之弟子較著者，有呂懷、何遷、唐樞、洪垣四位，呂懷主「變化氣質」，何遷主「知止」，唐樞主「討眞心」，洪垣主「調停湛、王二家」，由於其格局不若甘泉廣大，復以傳承無一貫之宗旨，加上受到王學「良知」說的影響，是以門庭不若王門興旺，故其影響力亦不若王學。

　　雖然如此，但隨著王門龍溪與泰州之學的風行一時，王學的流弊亦漸生，龍溪主「四無」之說，倡「先天」之學，其弊則流於玄虛，空談心性；泰州言「百姓日用即道」，雖使人人興發作主，其弊卻又至於縱情恣性，無所不爲。此時甘泉之後學，或站在工夫義的立場，如何遷便批評其弊曰：「師心即聖，不假學力，內馳見於玄漠，而外逃失於躬行。」；〔註7〕或站在超越的性理義的立場，如洪垣便以對本體的「戒懼」義，規泰州之顏山農。此因甘泉之學中，既吸收朱學之工夫義，又強調性體之超越義之故，是以甘泉後學始終扮演著王學「諍友」的角色。

　　至於晚明，王學之流弊叢生，顧憲成、高景逸、劉宗周等諸儒，不滿其狂蕩之風，相互繼起，倡導由朱學之工夫以矯王學之玄虛放蕩之弊，遂興起一股「由王返朱」的熱潮。景逸吸收朱子「格物」的工夫，主張良知本體必待於格森羅萬象之物，方得呈現其森羅萬象之理，使物物各得其則，而心無與焉，是以陽明之良知爲本，而易之以朱子「格物」的工夫途徑。至於宗周，則達到了更高的成就，其重建陽明良知說中超越的性體義，而提出「愼獨」的主張，並吸收朱學嚴密的修養工夫，以貫徹心體之愼獨工夫在日用之間。

　　晚明這股「由王返朱」的新趨勢，並非完全復古地重返於朱學之原貌，其義理上實是以王學爲本，而吸收朱學工夫爲輔的一種新的時代思潮，因此可說其爲一「朱、王合流」的新學風。

　　甘泉之學在「朱王合流」這一議題上，亦具有啓示之作用。蓋甘泉「心性氣合一」之學。本是在朱學的基礎上，由朱學格物致知的途徑，以上達於心學以德性心爲主體的宗旨。故甘泉可謂早在晚明「朱王合流」的論題以前，

〔註7〕《明儒學案》卷三八，〈甘泉學案二〉，頁925。

即已在嘗試結合朱學與王學的可能，而其所達至的成就亦值得重視。

首先，甘泉是以實然之氣爲基礎，在實然之氣中，定義道德之理，即以「氣之中正爲理」，在心與氣之體察，以至於「中正」而呈現性理。這樣的設計，既保留了朱學具客觀性的性理義，亦兼顧了心學的主體性，而且避免了朱學流於逐物之弊，以其有所存主；也無王學流於師心即聖之狂蕩，以其仍有待於物之體察。

其次，甘泉最特別的設計，是在他的「修養論」中，即他主張當由實然之氣的認知心始，透過學問思辨的積累，「知行並進」的工夫以應於事，但最後卻經由一「勿忘勿助之間」的過程，使得認知心轉化爲德性心，成爲「知行合一」的道德涵養，而「格物」的體察義，也成爲「修身」的德性義。

姑不論這樣的結合是否合理？但甘泉這樣的嘗試，其所提供之啓示與達至的成就，確該值得當代重視。可惜晚明諸儒並沒有注意到，甘泉學在「朱、王合流」這一議題上的成就，是以沒有站在甘泉學已有的基礎上，再做進一步的探討，故其仍只停留在以王學之心體爲本，再輔之以朱學之工夫而已，此實在甘泉「修養論」中早已言及，其尚未碰觸到此二家之學根本的歧異點，更遑論及「轉化」與否的問題。因此由晚明「朱、王合流」這一議題，再回頭看甘泉之學的價值，可知甘泉其實已不自覺的，在此議題上居於先驅的地位，而有其開創學風的價值，值得我們予以重視。

最後，我們跳出「朱王合流」的時代思潮，由義理上再檢討甘泉之學，對今日的我們有何啓發？蓋甘泉學中最值得我們正視者，是其主張由認知心的途徑，轉化爲德性心的嘗試，而其所謂「勿忘勿助之間」，究是何種轉化的作用？亦令人有「神而不可知」之惑。

由今日觀之，甘泉似乎是在嘗試結合兩種本質上，分屬不同領域的範疇，即窮究事物之理的知性與判斷是非價值的德性。近人牟宗三先生曾提出「良知坎陷之說」，以求在開展出道德宇宙之外，能再成就知識宇宙，以爲現代儒學開創出另一個知性傳統。從這個角度來看，甘泉學的嘗試，亦有其現代的意義，雖然其嘗試由知性的角度，以開展道德主體的企圖，恐是不可行的，且易流於他律道德的危險中。但其說仍不失可爲一「教法」，而且其碰觸到的問題，在今日猶值得我們進一步去深思與尋求解決的，而這些影響與啓發，或是甘泉學值得我們研究與重視的原因吧！

參考書目

一、甘泉著作

1. 《甘泉全集》三種，湛甘泉，（聖學格物通，春秋正傳，湛甘泉先生文集），清同治五年資政堂本，（現存台大圖書館善本室）。

2. 《甘泉先生續編大全》，湛甘泉，明嘉靖 34 年刊萬曆 21 年修補本，（現存中央圖書館善本室）。

3. 《皇翁大全集》，湛甘泉，明嘉靖刊萬曆修補本。

二、原典著作（依作者姓名次序排列）

1. 《王心齋全集》，王艮，廣文書局，民國 66 年，和刊本漢籍文集。

2. 《王廷相集》，王廷相，商務印書館，民國 75 年，文淵閣四庫本。

3. 《陽明全書》，王守仁，正中書局，民國 68 年。

4. 《王陽明傳習錄及大學問》，王守仁，黎明文化事業公司，民國 81 年 4 月再版。

5. 《王龍溪全集》，王畿，華文書局，民國 59 年，清道光 2 年影本。

6. 《朱文公文集》，朱熹，臺灣商務印書館，民國 69 年。

7. 《四書集註》，朱熹，大安出版社，民國 83 年 11 月。

8. 《近思錄》，朱熹輯錄，廣文書局，民國 66 年，再版。

9. 《朱子語類》，朱熹，文津出版社，民國 75 年 12 月。

10. 《吳廷翰集》，吳廷翰，北京，中華書局，1984 年 2 月一版。

11. 《康齋先生日錄》，吳與弼，廣文書局，民國 64 年。

12. 《周子全書》，周敦頤，商務印書館，人人文庫，民國 67 年 9 月初版。

13. 《居業錄》，胡居仁，廣文書局，民國 64 年。

14. 《胡居仁集》，胡居仁，上海，商務印書館，民國 25 年。

15. 《高子遺書》，高攀龍，商務印書館，民國 75 年，文淵閣四庫本。

16. 《廣州府志》，許三禮，中國方志叢書，清光緒 5 年刊本，成文出版社。

17. 《明儒學案》，黃宗羲，里仁書局，民國 83 年。

18. 《宋元學案》，黃宗羲等，世界書局，民國 81 年 9 月五版。

19. 《陸九淵集》，陸九淵，中華書局，民國 67 年。

20. 《曹月川集》，曹端，商務印書館，民國 75 年，文淵閣四庫本。

21. 《通書述解》，曹端，商務印書館，民國 75 年，文淵閣四庫本。

22. 《陳白沙集》，陳獻章，商務印書館，民國 75 年，文淵閣四庫本。

23. 《明史》，張廷玉等，鼎文書局，民國 80 年。

24. 《張子全書》，張載，商務印書館，民國 75 年，文淵閣四庫本。

25. 《二程集》，程顥、程頤，漢京文化事業有限公司，民國 72 年 9 月初版。

26. 《劉子全書及遺編》上下，劉宗周，京都，中文出版社，1981 年。

27. 《國榷》，談遷，鼎文書局，民國 68 年 4 月再版。

28. 《讀書錄》，薛瑄，山東友誼書社，1991 年版。

29. 《困知記》，羅欽順，廣文社印書館，民國 64 年 6 月初版。

30. 《小心齋箚記》，顧憲成，廣文書局，民國 64 年 4 月初版。

三、近人專著

1. 《明中晚期理學的對峙與合流》，于化民，文津書局，民國 82 年 2 月初版。

2. 《明人傳記資料索引》，中央圖書館編，民國 54 年 5 月。

3. 《明清思想家論集》，王煜，聯經出版公司，民國 70 年。

4. 《明代理學論文集》，古清美，大安出版社，民國 79 年 5 月初版。

5. 《心體與性體》，牟宗三，正中書局，民國 80 年 11 月九版。

6. 《從陸象山到劉蕺山》，牟宗三，學生書局，民國 79 年二版。

7. 《現象與物自身》，牟宗三，學生書局，民國 87 年。

8. 《中國哲學史》，任繼愈，人民出版社，1979 年 3 月。

9. 《胡居仁與陳獻章》，呂妙芬，文津書局，民國 85 年 5 月初版。

10. 《湛甘泉的研究》，吉賀一郎，東京，風間書房，1980 年。

11. 《宋明理學》，吳康，華國出版社，民國 66 年 10 月增訂四版。

12. 《明學探微》，林繼平，臺灣商務印書館，民國 73 年 12 月初版。

13. 《心學的現代詮釋》，姜允明，東大圖書公司，民國 77 年版。

14. 《宋明理學史》，侯外廬，人民出版社，1987 年 6 月初版。

15. 《朱子學與明初理學的發展》，祝平次，學生書局，民國 83 年 2 月初版。

16. 《中國哲學原論‧原教篇》，唐君毅，學生書局，民國 68 年 2 月修訂三版。

17. 《中國哲學原論‧原性篇》，唐君毅，學生書局，民國 68 年 2 月修訂四版。

18. 《中國思想史》，韋政通，水牛出版社，民國 81 年 9 月十一版。

19. 《中國歷代思想史明代卷》，容肇祖，文津出版社，民國 82 年 12 月初版。

20. 《明代思想史》，容肇祖，臺灣開明書局，民國 51 年 3 月初版。

21. 《朱熹思想研究》，張立文，古風出版社，民國 75 年 10 月。

22. 《宋明理學研究》，張立文，人民出版社，1975 年 7 月初版。

23. 《明清儒學家著述生卒年表》，麥仲貴，學生書局，民國 66 年 9 月版。

24. 《王門諸子致良知學之發展》，麥仲貴，香港中文大學，1973 年 12 月。

25. 《朱熹哲學研究》，陳來，社會科學出版社，1987 年。

26. 《江門學記》，陳郁夫，學生書局，民國 73 年 3 月初版。

27. 《明清實學簡史》，陳鼓應、辛冠洁、葛榮晉，社會科學文獻出版社，1994 年版。

28. 《王陽明與禪》，陳榮捷，學生書局，民國 73 年 11 月初版。

29. 《朱學論集》，陳榮捷，學生書局，民國 71 年 4 月初版。

30. 《朱子新探索》，陳榮捷，學生書局，民國 77 年。

31. 《王陽明傳習錄詳註集評》，陳榮捷，學生書局，民國 72 年 12 月初版。

32. 《中國哲學史》，勞思光，三民書局，民國 73 年增訂初版。

33. 《宋明理學研究論集》，馮炳奎等，黎明文化事業公司，民國 72 年 7 月。

34. 《湛若水哲學思想研究》，喬清舉，文津出版社，民國 82 年 3 月初版。

35. 《中國實學思想史》，葛榮晉編，首都師範大學出版社，1994 年 9 月初版。

36. 《王廷相和明代氣學》，葛榮晉，北京，中華書局，1990 年 2 月。

37. 《理學的演變》，蒙培元，文津出版社，民國 79 年 1 月初版。

38. 《宋明理學》，蔡仁厚，學生書局，民國 82 年 9 月三版。

39. 《王陽明哲學》，蔡仁厚，三民書局，民國 81 年 8 月修訂三版。

40. 《宋明理學概述》，錢穆，學生書局，民國 76 年三版。

41. 《中國學術思想史論叢〈七〉》，錢穆，東大圖書公司，民國 67 年。

42. 《白沙子研究》，簡又文，香港簡氏猛龍書屋，民國 59 年 10 月初版。

43. 《晚明思潮》，龔鵬程，里仁書局，民國 83 年 11 月初版。

四、期刊論文

1. 《湛甘泉的生平及其思想》，黃敏浩，台大中研所碩論，民國 77 年。

2. 《湛若水與明代心學》，潘振泰，師大史研所碩論，民國 81 年 6 月。

3. 《明儒論學宗旨述要》，李淑芬，師大中研碩論，民國 84 年 5 月。

4. 〈湛甘泉與王陽明〉上，陳郁夫，東方雜誌，第十八卷第三期，民國 73 年 9 月。

5. 〈湛甘泉與王陽明〉下，陳郁夫，東方雜誌，第十八卷第四期，民國 73 年 10 月。

6. 〈王湛二子之論交與學說歸趨〉，張克偉，漢學研究，第七卷第二期，民國 78 年 12 月。

7. 〈湛若水的心學研究〉，姜國柱，中國文化月刊，第一六七期，民國 82 年 9 月。

8. 〈明代江門心學的崛起與式微〉，潘振泰，新史學，第七卷第二期，民國 85 年 6 月。

9. 〈從曹月川到陳白沙——略論明初心學的緣起與發展〉，劉振雄，哲學雜誌第十四期，民國 84 年 11 月，頁 158～189。

10. 〈明初朱學學派述論〉，張克偉，東吳哲學年報第一期，民國 85 年 3 月，頁 39～91。

11. 〈羅整庵的理氣論〉，鍾彩鈞，中國文哲研究集刊，第六期，頁 18。

附　錄
論《呂氏春秋》十二紀之「公」義

提　要

　　《呂氏春秋》爲秦相呂不韋召集賓客所著，而成「八覽、六論、十二紀，二十餘萬言。以爲備天地萬物古今之事，號曰呂氏春秋。」，*1 以其內容博雜，兼採諸子之學，故班固《漢書‧藝文志》乃將其列入「雜家」*2 觀《呂氏春秋》十二紀之論，其思想雖表現出「博雜」的特色，卻自有一嚴密的理論體系。包括承襲〈夏小正〉、〈周書〉等天文曆法的經驗知識，建構「圓道觀」的宇宙論，吸收鄒衍陰陽五行之說，發展出「施德行義」的政治主張，提倡「克己去私」的修養論，標舉「公天下」的政治理想。本文試圖從「公」義的角度，探討《呂氏春秋》十二紀在天道論、修養論與政治主張上，呈現不同層次的思想內涵，期對探討秦漢之際學術思潮的流變，裨有所助益。

關鍵詞：呂氏春秋、十二紀、圓道觀、貴公

---

*1 〔漢〕司馬遷：《史記》（台北：藝文印書館，據武英殿影印本），頁 1014。
*2 〔漢〕班固：《漢書》（台北：世界書局，1973 年 3 月），頁 1741。

一、前　言

　　《呂氏春秋》為秦一代學術巨著，其十二紀紀首為《禮記‧月令》所承，古來即受儒者重視。此書內容博雜，包括對先秦諸子之學的融合，面對秦大一統的時代新局，提出新的政治理想，有其因襲與開創之功，頗能反映秦漢之際的學術特色。

　　但《呂氏春秋》一書，或因呂不韋其人，歷來評價頗不一致，或以雜家目之，〔註1〕或以為黃老之學，〔註2〕或以為折衷調和、無創造力。〔註3〕〔漢〕高誘云：「此書所尚，以道德為標的，以無為為綱紀，以忠義為品式，以公方為檢格，與孟軻、孫卿、淮南、揚雄相表裏也。」，〔註4〕是高誘架構出《呂氏春秋》的體系，是以天道論的運行為依據，以忠義之善行為標榜，以公義之心為尺標，並肯定此書足以與孟、荀、揚雄等大儒並列，可說評價極高。

　　今從「公」義角度分析《呂氏春秋》十二紀，考察十二紀之內容，期能鋪展其內容之宏富面，並顯示其各層次不同內涵的思想特色。從「公」義角度能通貫十二紀各層面，除顯示其博雜的思想層面外，亦見其具一貫主體性，期對《呂氏春秋》能有更深入的瞭解。

二、天道之公「圓道觀」

　　《呂氏春秋》十二紀思想體系，乃自天道論始，天道之主宰為「太一」，「太一」創造天地，天地具四時、日、星、蟲、魚、鳥、獸，乃成一實然之世界。萬物雖眾，卻各具條理在其中，眾理雖異，卻皆具週而復始、循環不已之特色，此為「圓道」說。「太一」之內涵為陰陽二氣，二氣相互消長，相合相離，乃成萬物之聚散，成時令十二紀之流轉，故陰陽二氣為變化之作用。「太一」世界乃眾「圓道」交錯而成，圓圓雖各個不同，生生之輪轉不息，遂成天地萬物之生生不息。故「太一」之德即是「生」，「貴生」成為《呂氏春秋》十二紀天道論重要之命題。

〔註1〕〔漢〕班固：《漢書》（台北：世界書局，1973 年 3 月），頁 1741。

〔註2〕陳麗桂：《秦漢時期的黃老思想》（台北：文津出版社，1997 年），頁 3。

〔註3〕侯外廬主編：《中國思想通史》第一卷（北京：人民出版社，1957 年），頁 658。

〔註4〕〔漢〕高誘注，〔清〕畢沅校：《呂氏春秋》（上海：上海古籍出版社，1996 年 12 月），頁 1。

（一）「太一」的實然世界

> 太一出兩儀，兩儀出陰陽，陰陽變化，一上一下，合而成章，渾渾
> 沌沌，離而復合，合而復離，是謂天常。天地車輪，終則復始，極
> 則復反，莫不咸當，日月星辰，或疾或徐，日月不同，以盡其行，
> 四時代興，或暑或寒，或短或長，或柔或剛，萬物所出，造於太一，
> 化於陰陽，萌芽始震，凝寒以形。〔註5〕

「道也者，至精也，不可爲形，不可爲名，彊爲之謂之太一。」，〔註6〕「太」
者名其極致，「一」者強調其絕對性，「不可爲形」以其具無所不在的普遍性，
「不可爲名」表其不能以名言限定，它是宇宙最高的創造主體。高注：「太一，
道也」，「兩儀，天地也」，〔註7〕「太一」創造天地，天地有陰陽兩種作用，「合
而成章」是陰氣與陽氣會相生種種萬物，「離而復合，合而復離」正是說明陰
陽二氣相合創生、相離封閉、再合而新生，造就日月星辰四時寒暑變換，其
周而復始，萬物相生不息，此即天地運行之常道。

　　《禮記・禮運》云：「禮必本於大一，分而爲天地，轉而爲陰陽，變而
爲四時」，鄭注：「大音泰」，孔疏：「大一者，謂天地未分，混沌之氣也。」，
〔註8〕是秦漢間儒者亦將「禮」的根據，推本於「大一」天道，言「大一」
乃混沌之氣，此氣創造天地，轉爲陰陽二氣，化生四時，創生萬物，聖人據
「大一」天道之規範，以制作禮樂之儀。

　　老子對「道」的描述，所謂「視之不見名曰夷。聽之不聞名曰希。搏之
不得名曰微」，〔註9〕較偏哲理性的詮釋。《呂氏春秋》十二紀對於「太一」天
道的內涵卻十分具體，它吸收古代天文學與自然觀察的經驗，將日月星辰的
變動，四時節氣的變化，蟲魚鳥獸的殊同，種種萬形萬狀，盡可能的展現出
來，於是「太一」不再爲不可見、不可聞的哲理，它即是周遭的天象、地文、
蟲魚鳥獸的總和，乃一實然之世界。

　　以下，根據《呂氏春秋》十二紀紀首所載各時令出現之日星名稱，彙整
而爲四時天象日星列表，以明天道之規律：

〔註5〕　陳奇猷：《呂氏春秋校釋》（台北：華正書局，1988），頁255。
〔註6〕　陳奇猷：《呂氏春秋校釋》（台北：華正書局，1988），頁256。
〔註7〕　〔漢〕高誘注，〔清〕畢沅校：《呂氏春秋》（上海：上海古籍出版社，1996
　　　　年12月），頁75。
〔註8〕　〔清〕阮元：《禮記正義》（十三經注疏，台北：藝文印書館，1976），頁438。
〔註9〕　王卡點校：《老子道德經河上公章句》（北京：中華書局，1960年8月），頁52。

季 節	春			夏			秋			冬		
月份	孟春	仲春	季春	孟夏	仲夏	季夏	孟秋	仲秋	季秋	孟冬	仲冬	季冬
正午（日）	營室	奎	胃	畢	東井	柳	翼	角	房	尾	斗	婺女
黃昏（星）	參中	狐中	七星中	翼中	亢中	火中	建星中	牽牛中	虛中	危中	東辟中	婁中
早晨（星）	尾中	建星中	牽牛中	婺女中	危中	奎中	畢中	觜嶲中	柳中	七星中	軫中	氐中

中國古代對於星象的觀測，早見《尚書》、《詩經》、《左傳》等先秦典籍，如《尚書・堯典》：「堯乃命羲和，欽若昊天；歷象日月星辰，敬授人時」，[註10] 可推證在三代以前中國即有星象的觀測，如《大戴禮・夏小正》「正月」：「鞠則見，初昏參中，斗柄縣在下」，[註11] 即當正月早晨東方出現祿星，黃昏南方出現參星，北斗七星之斗杓指向南方時，農人即可「農率均田」、「初服於公田」，因此古代星象觀測是爲「敬授人時」，以確切掌握時令變化，配合農事之需。

《呂氏春秋》十二紀吸收古代天文知識，將「夏小正」的十二月改成春夏秋冬四季，正是爲了凸顯時令的意義，避免農事失時。結合星象的觀測，進一步將每一季劃分孟、仲、季三時，每一時皆有星象爲據，確實較「夏小正」精確。

「二十八星宿」，「二十四節氣」的確立，是中國古代天文學的一大成就，在《呂氏春秋》十二紀已可見到二十八星宿之名，也可發現「立春」、驚蟄「蟄蟲始震」、雨水、小暑、夏至「日長至」、「立秋」、白露、霜降「霜始降」、冬至「日短至」等節令之名，可謂二十四節氣的雛形已具，此爲其在天文學上的進展。[註12]

當然《呂氏春秋》十二紀的星象紀錄，重點在呈現天道的規律，藉由黃

〔註10〕 〔清〕阮元：《尚書正義》（十三經注疏，台北：藝文印書館，1976），頁9。

〔註11〕 〔漢〕戴德：《大戴禮記》（叢書集成初編，台北：商務印書館，1967），頁15。

〔註12〕 參見陳遵嬀：《中國古代天文學簡史》（台北：木鐸出版社，1982年4月），頁19。

道與二十八星宿的測定，藉由晨星、太陽及昏星的位置變化，呈現歲時節令的變動，日月星辰有其固定的運行軌跡，會順隨時令的推移運行，年年週而復始，此為天道運行有其條理的根據。

天之日星有規律，地之鳥獸也有規律，茲紀錄《呂氏春秋》十二紀紀首每一時節，天氣、鳥獸、蟲魚及草木之種種，可歸納為一表，呈現其變化之情狀：

季節	天 氣	鳥 獸	蟲 魚	草 木
孟春	東風解凍，	獺祭魚，鴻雁來	蟄蟲始動，魚上冰	草木萌動
仲春	始雨水，日夜分，雷始電	倉庚鳴，鷹化為鳩，玄鳥至	蟄蟲咸動，啓戶始出	桃始華
季春	虹始見，時雨將降，下水上騰	田鼠化為鴽		桐始華，萍始生
孟夏	立夏		螻蟈鳴，蚯蚓出	王瓜生，苦菜秀
仲夏	小暑，日長至	鵙始鳴，反舌無聲，鹿角解，	螳螂生，蟬始鳴，半夏生，木堇榮	
季夏	溫風始至	鷹乃學習	蟋蟀居壁	腐草為螢，樹木方盛
孟秋	涼風至，白露降，立秋	鷹乃祭鳥	寒蟬鳴	
仲秋	涼風生，日夜分，雷始收聲	候雁來，玄鳥歸，群鳥養羞	蟄蟲俯戶	
季秋	霜始降	候雁來賓，豺則祭獸戮禽	爵入大水為蛤	菊有黃華，草木黃落
孟冬	水始冰，地始凍，虹藏不見，立冬	雉入大水為蜃		
仲冬	冰益壯，地始坼，日短至	鶡鴠不鳴，虎始交		芸始生，荔挺出，蚯蚓結，鹿角解，水泉動，
季冬	冰方盛，水澤復，日窮於次，月窮於紀，星回於天，數將幾終	雁北鄉，鵲始巢，雉雊，雞乳		

「太一」的內容，不僅包括日星的變化，其觀察的是整個實然世界的變動，天氣之暖、炎、涼、寒，鳥獸之生長遷徙，草木由初生以致凋落，此為

「太一」之整體，乃實然世界之豐富，故「太一」創造天地，陰陽二氣相生相凝以成萬物，或剛或柔或寒或暑，乃成天地四時，萬物或凝而成形，或散而衰亡，天地如車輪之轉「終則復始、極則復反」，此爲「太一」之內涵。

《易傳》云：「《易》有太極，是生兩儀，兩儀生四象，四象生八卦，八卦定吉凶，吉凶生大業。是故法象莫大乎天地，變通莫大乎四時，縣象著明莫大乎日月。」，〔註13〕易以「太極」爲最高主體，太極創造天地即陰陽，天地創造春夏秋冬之四時爲四象，四象變化生出天地水火風雷山澤，即乾坤坎離巽震艮兌之八卦，八卦相重有六十四卦三百八十四爻的變化，便可推衍人事之吉凶。因此《易傳》的模式亦是從天道論始，試圖透過掌握天地四時的變化規律，進一步推衍人事的變化規則。

雖然《易傳》強調的是卦爻的變化，與《呂氏春秋》十二紀重實然的自然規律不同，但二者相同的是，他們都試圖透過天地四時的變化過程，推演一最高的的主體，或名「道」、或名「太極」，或爲「太一」，並皆試圖建立一套詮釋系統對它加以解釋。

（二）陰陽二氣

> 黃鐘之月，土事無作，愼無發蓋，以固天閉地，陽氣且泄。大呂之月，數將幾終，歲且更起，而農民無有所使。太蔟之月，陽氣始生，草木繁動，令農發土，無或失時。夾鐘之月，寬裕和平，行德去刑，無或作事，以害羣生。姑洗之月，達道通路，溝瀆修利，申之此令，嘉氣趣至。仲呂之月，無聚大眾，巡勸農事，草木方長，無攜民心。蕤賓之月，陽氣在上，安壯養俠，本朝不靜，草木早槁。林鐘之月，草木盛滿，陰將始刑，無發大事，以將陽氣。夷則之月，修法飭刑，選士厲兵，詰誅不義，以懷遠方。南呂之月，蟄蟲入穴，趣農收聚，無敢懈怠，以多爲務。無射之月，疾斷有罪，當法勿赦，無留獄訟，以亟以故。應鐘之月，陰陽不通，閉而爲冬，修別喪紀，審民所終。
>
> 〔註14〕

此由音樂之十二律以應節令之十二月，值得注意的是，乃以陰陽二氣之消長論節氣盛衰，仲冬之時，陽氣且洩，愼無發蓋，孟春時陽氣始生，季春時嘉氣促至，仲夏時陽氣最烈，季夏時陰氣將至，以遏陽氣之盛，至於孟冬陰氣

〔註13〕〔清〕阮元：《周易正義》（十三經注疏，台北：藝文印書館，1976），頁156。
〔註14〕陳奇猷：《呂氏春秋校釋》（台北：華正書局，1988），頁325。

陽氣不通，閉而成冬，是由陰氣與陽氣之盛衰消長，演繹出每個時令的季節變化。

　　許愼《說文解字》釋「陰陽」二字，「陰，雲蔽日也」，〔註15〕「陽，日出也」，〔註16〕故「日之暗與明」應當是「陰陽」二字的始義。在《左傳》僖公十六年，有隕石落於宋，周內史叔興便說此乃「是陰陽之事，非吉凶所生也」，〔註17〕是「陰陽」只被視作自然現象而已，至於老子乃有「萬物負陰而抱陽，沖氣以爲和」〔註18〕之說，始將「陰陽」作爲萬物內在的本質，並會相互作用，至於《易傳》而有「一陰一陽之謂道」，〔註19〕「陰陽」二字乃成爲宇宙創造過程中的不同作用。至戰國末年的鄒衍「睹有國者益淫侈，不能尙德……乃深觀陰陽消息，而作怪迂之變，終始大聖之篇」，〔註20〕更將陰陽消長與國之盛衰結合，陰陽的意義乃不斷被引伸擴大解釋。鄺芷人云：

> 根據「孟荀列傳」的記述，則鄒衍是把「陰陽」與「五行」配合而立論，……至於他是否最先以陰陽五行合而論之，這就無法稽考了。鄒衍的陰陽五行說大抵主要用來詮釋歷史，他的史觀是採用五行相剋的觀點，解釋歷史的興衰與時代的轉替，這就是史記所謂「五德轉移說」。〔註21〕

《呂氏春秋》十二紀吸收陰陽二氣之說，解釋天道之變化，「萬物所出，造於太一，化於陰陽。」〔註22〕高注：「造，始也；太一，道也；陰陽，化成萬物者也。」〔註23〕萬物乃「太一」所始生，萬物的內涵是陰陽二氣，此二氣相互作用，乃化育成形以成萬物，二氣之消長盛衰，乃成歲時之流轉，故陰陽二氣是造就萬物的本質，也是四時變換流轉的動力。

〔註15〕〔漢〕許愼撰，〔清〕段玉裁注《說文解字注》（台北：黎明文化事業公司，1991），頁580。

〔註16〕同註15，頁306。

〔註17〕〔清〕阮元：《春秋左傳正義》（十三經注疏，台北：藝文印書館，1976），頁236。

〔註18〕王卡點校：《老子道德經河上公章句》（北京：中華書局，1960年8月），頁169。

〔註19〕〔清〕阮元：《禮記正義》（十三經注疏，台北：藝文印書館，1976），頁148。

〔註20〕〔漢〕司馬遷：《史記》（台北：藝文印書館，據武英殿影印本），頁939。

〔註21〕參見鄺芷人：《陰陽五行及其體系》（台北：文津出版社，1998），頁8。

〔註22〕〔漢〕高誘注，〔清〕畢沅校：《呂氏春秋》（上海：上海古籍出版社，1996年12月），頁255。

〔註23〕同註22，頁76。

　　茲歸納《呂氏春秋》十二紀陰陽二氣之變化製表，以明其陰陽消長與時令之關係：

四時	節候	陰　陽　之　氣
春	孟春	天氣下降，地氣上騰，天地和同。
	季春	生氣方盛，陽氣發泄。
夏	仲夏	陰陽爭，死生分。
秋	孟秋	立秋，天地始肅
	仲秋	殺氣浸盛，陽氣日衰。
冬	孟冬	立冬 天氣上騰，地氣下降，天地不通，閉而成冬。
	仲冬	陰陽爭
	季冬	日窮於次，月窮於紀，星迴於天，數將幾終，歲將更始。

　　此可發現節令之轉換與陰陽二氣離合相爭有密切關係，春夏之生氣，來自陽氣下降，陰陽相爭，陽氣盛而陰氣衰，秋冬則陰氣漸長，陰陽二氣復爭，陰氣日盛，陽氣則衰，是以殺氣浸盛，以至陰陽相隔不通，待來春陽氣復降，陽氣復爭勝，歲乃更始。故陰陽二氣既相交復相離，週而復始，形成四時寒暑節氣之變化。

　　　　精氣一上一下，圜周復雜，無所稽留，故曰天道圜。何以說地道之方也？萬物殊類殊形，皆有分職，不能相為，故曰地道方。〔註24〕

　　　　天地有始，天微以成，地塞以形。天地合和，生之大經也。以寒暑日月晝夜知之，以殊形殊能異宜說之。夫物合而成，離而生。知合知成，知離知生，則天地平矣。平也者，皆當察其情，處其形。〔註25〕

陰陽二氣上下消長，造成歲時節令之流轉，此為天道節氣之循環。《管子‧內業》篇云：「凡人之生也，天出其精，地出其形，合此以為人。」，〔註26〕是人物之所生也來自陰陽二氣之所凝，且萬物各不同種類形貌，卻皆各具其性、各擅其能，互不相擾相害，此為地道之規律。故陰陽二氣之消長造成四時寒暑晝夜的不同，陰陽二氣之離合形成萬物之殊類殊形，盛衰生死，合而成形，離則消散，故知陰陽之相生相離，可知萬物死生之情狀，因萬事萬物皆由陰

〔註24〕陳奇猷：《呂氏春秋校釋》（台北：華正書局，1988），頁171。
〔註25〕同註24，頁657。
〔註26〕《管子》（新編諸子叢書，台北：國立編譯館，2002年2月），頁1078。

陽二氣所作用而成。

老子云：「天下萬物生於有，有生於無。」河上公注：「天地神明，蜎飛蠕動，皆從道生，道無形，故言生於無也。」，〔註27〕老子強調「無」的道體的超越性。《呂氏春秋》十二紀所演繹的宇宙論乃從天地之「有」開始，即從天地之實有處論，實有以前是何狀態？是「虛」是「無」？《呂氏春秋》十二紀置而不論，以其重視的是實然世界的存在。此實然世界必有一初始，天由積微而始生，地由充塞凝結而成形，積微正是從「有」開始，由積微以致於成形，成就萬物，陰陽二氣相和相盪乃得生生不息，此乃天地生生之常道。陰陽二氣不是「無」，陰陽二氣是「無形」卻是「有」的作用，它是「無」的道體與「有」的實然世界中間的媒介，當它相合則成形而成萬物，相離則復歸於無形之氣，此作用卻屬實有，由寒暑日月晝夜皆陰陽消長循環可知，由萬物紛紜萬象，異形異質卻各據性能可見，因此陰陽之相盪相和，知萬物之相凝相生，則可知天地萬物生死盛衰之情狀。

（三）生生之圓道

> 日夜一周，圓道也。月躔二十八宿，軫與角屬，圓道也。精行四時，一上一下，各與遇，圓道也。物動則萌，萌而生，生而長，長而大，大而成，成乃衰，衰乃殺，殺乃藏，圓道也。雲氣西行云云然，冬夏不輟，水泉東流，日夜不休，上不竭，下不滿，小為大，重為輕，圓道也。〔註28〕

《呂氏春秋》十二紀所展現的天地四時萬物的變化，可謂集先秦對自然觀察的詳實紀錄，從星象的變化始，《十二紀》詳細的紀錄下一年四季、十二個時期，日星在晨、午、昏的不同位置，而其位置就由環繞在黃道周圍的二十八宿星表示，由太陽在黃道上周而復始的變化，為一天文日星運行之「圓道」。日夜的循環、一年春夏秋冬四時的更替，為一時令節氣之「圓道」。植物的萌芽、生長、成熟、蕭瑟、衰敗，新生，為一草木死生終始之「圓道」。蟲魚鳥獸從蟄伏、始動、過盛、遷徙，生死、年年復始，乃一鳥獸之「圓道」。天文日星之圓道，四時節氣之圓道，鳥獸草木之圓道，天地間盡是無數的圓道在運行，它們的運行規則也許個個不同，但周而復始、不斷生生變化，似乎是

〔註27〕王卡點校：《老子道德經河上公章句》（北京：中華書局，1960 年 8 月），頁162。

〔註28〕陳奇猷：《呂氏春秋校釋》（台北：華正書局，1988），頁 171～172。

共同的特色，此乃《呂氏春秋》十二紀的宇宙觀「圓道說」。

此「圓道」說，有三點意義：第一，它表現一個豐富的實然世界，此世界包含日月星象、四時節氣、草木蟲魚鳥獸種種，可說是以整個天地萬物為內容。二、這個實然的世界乃一動態的世界，日月星辰會運行，四時會變化，蟲魚鳥獸會相生相死，乃一動態的宇宙觀。第三，這個動態的世界有規律，日星有運行的軌跡，四時有一定的次序，蟲魚鳥獸有固定的作息，它們共同的特色是會週而復始、生生不息，是為「圓道觀」。故整個宇宙包含日星蟲魚鳥獸人物皆在其中，其運行不息，其中自有規律在主導，如圓圓之周而復始，此為「圓道」說的特色。

老子云：「反者道之動，弱者道之用」，〔註 29〕老子提出道體運行是周行而不殆，可視為圓道思想的先驅，而重視的是「有生於無」，強調在「有」的世界，背後那「無」的道體。值得注意的是，《呂氏春秋》十二紀之「圓道」說，不僅強調其規律義，更重視的是圓道本身的內容，故其論旨不是萬物背後的「無」，而是「圓道」本身的內涵，即周而復始、生生不息的「生」，所謂「天地合和，生之大經也」。〔註 30〕

「圓道」的內涵是萬物生生不息，生養萬物才是天地之「圓道」循環不已的目的，因此「本生」、「貴生」都是《呂氏春秋》十二紀重視的命題。

> 始生之者，天也；養成之者，人也。能養天之所生而勿攖之謂天子。
> 天子之動也，以全天為故者也。此官之所自立也。立官者以全生也。
> 今世之惑主，多官而反以害生，則失所為立之矣。〔註31〕

從「生」的角度論天人關係，天為「始生」的創造者，人為天之養成者，故人當體天之德以「全生」，即珍惜自我之生，也護養它物之生，此為「貴生」的觀念。因此人君之使命在保全天之生物，設官之目的也在護養生民，並對害物殘生做批判。故《呂氏春秋》十二紀由重「生」，進一步重「養生」，由對自我生命的護養，進而強調護養天地萬物，以此意修身，也以此意治國。

《易傳》有：「一陰一陽之謂道，繼之者善也，成之者性也。……生生之謂易。」，〔註 32〕一陰一陽不斷作用就是天道的內容，萬物的生生不息就是

〔註29〕 王卡點校：《老子道德經河上公章句》（北京：中華書局，1960 年 8 月），頁161。
〔註30〕 陳奇猷：《呂氏春秋校釋》（台北：華正書局，1988），頁 657。
〔註31〕 同註30，頁20。
〔註32〕 〔清〕阮元：《周易正義》（十三經注疏，台北：藝文印書館，1976），頁 148。

「善」，此「善」內在萬物之中曰性，因此《易》之內涵就是生生之大德，《易》以六十四卦三百八十四爻來呈現此生生世界之變化。故《易傳》與《呂氏春秋》十二紀，二者對於天地之大德生生，同樣推崇。

若說《易傳》較偏個人的才智修養，想藉卦爻的變化來演繹天道並因應它，則《呂氏春秋》十二紀就偏向政治的、眾人的，想要建立一遵循天道規律的人倫社會，天是始生創造的主體，人是天所養成造就，因此天是人的源頭，人與天因生生而連結，人生天地間並非以殺伐爲目的，相反的，人生天地間當以天道爲歸依，即當以生生之大德爲宗旨。人君的職責正是順養天之生義而勿違逆，人君當體天道之規律而施政，當體天之大德而護養眾人，當因時而生養，因此天地萬物包括人世皆能得其所養，此乃人君天命職責之所在，因天道之所貴在「生」。

《呂氏春秋》十二紀雖受道家影響，但不著重在道家清虛靜守的哲理觀照上，它著重的是實然世界的存有，所重在整個天地萬物的運行，其胸懷的是整個世界的「生與養」，如何去建立一個兼養萬物的人倫社會，不是個人修養境界上的「無」，不是追求哲理關照、精神境界上的超越，而是積極去建立一實然世界的秩序規範。

> 天地大矣，生而弗子，成而弗有。萬物皆被其澤、得其利，而莫知
> 其所由始，此三皇、五帝之德也。〔註33〕

「圜道」的宇宙觀，其大德乃在於生養成就萬物，生養而不以爲己子，成就而不以爲己有，故萬物殊形殊能而皆宜，萬物皆得其澤，皆蒙其利，此爲三皇五帝體會天地之大德，同時也是天道「至公」的表現，所謂「天無私覆也，地無私載也，日月無私燭也，四時無私行也。」，〔註34〕故對天地「圜道」之德而言「生」，對人道而言，當效法天道之德而言「公」，因此「生」與「公」皆自天地萬物論。徐復觀《兩漢思想史》論及《呂氏春秋》云：

> 呂氏春秋十二紀紀首，正吸收了夏小正及周書的周月、時訓，加以
> 整理，而另發展了鄒衍的思想，以此爲經，再綜合了許多因素及政
> 治行爲，以組織成「同氣」的政治理想的系統。〔註35〕

徐氏清楚陳述出《呂氏春秋》十二紀的學術淵源，深受「夏小正」、「周書」

〔註33〕陳奇猷：《呂氏春秋校釋》（台北：華正書局，1988），頁44。
〔註34〕同註33，頁45。
〔註35〕徐復觀：《兩漢思想史》（台北：學生書局，1974年5月），頁14。

的影響，此乃就其吸收前代天文、曆法及自然觀察記錄而言，另外發展「鄒衍」思想，則指其吸收陰陽二氣消長，以及後起的五行之說，最後結合成一「同氣的政治理想系統」，「同氣」是就萬物皆受陰陽二氣所化育而言，強調「政治理想」說明其目的是為了落實在施政上。

從上所述，可知《呂氏春秋》十二紀在論述政治理想之前，先有一套完整的天道思想「圓道觀」，它吸收「夏小正」、「周書」的天文自然知識，使其陳述天道的內容具體而有論據。同時也深受道家思想影響，以天地萬物為懷，以「太一」之道為宰，卻降低了道家論天道的抽象義，具體彰顯實然世界的「圓道」眾理。吸收鄒衍思想，以陰陽二氣為「太一」之內涵，以陰陽消長演繹圓道規律，以陰陽相生化育萬物，說明「太一」之德為「生」，生生不息是天地之大德，並由「生」推論天地之「公」。

「同氣」說，是將天道與萬物與人道，在本質上作一個連結，即天人萬物雖萬形殊能不同，但在本質上都為陰陽二氣所化，這是本質上的「天人是一」，此路後世往「養生」、「導引」方向發展。但在德性義上，是以「公」將天人作一個會通，即天道的德性是「公」，落實在施政上，「公」就成為最大的德性，故也以「公」作為政治施政上最高的理想。「公」既是「太一」之德，也是人回應天之體會，「公」成為天人在德性上的連結，成為德性義上的「天人是一」。

三、人道之公「主執圓，臣執方」

「圓道」的天道論，落實在人倫社會即為人道之公，故人當法天地四時之運行，配合五行盛德之更替，設計一套搭配五帝、五德、五色、五位、五服的政治架構，人君按照此政治之行事曆，順時令而施德行義，春夏多施惠養德，勸學尊師，以應天地之生氣；秋冬重論刑講兵，以應肅殺之戾氣，此外，人君更當克己去私，使具大公之心，選賢任能，使君臣各司其職，是無為而天下治矣。

（一）人當法天地

《呂氏春秋》十二紀建立「圓道」宇宙觀，目的是要詮釋人道，尤其著力於政治方面，即人倫社會的「圓道」建立，因此其對人君所扮演的職分，便作一番新的定義：「始生之者天也，養成之者人也，能養天之所生而勿攖之，

謂之天子。」〔註36〕人之本在天，人受天之生養而成，當順天之所化而成就，當重視己之生，也當護養天生之萬物，以回應天之德。故天子的職分在保存養護天之所生，以天之生物爲德，勿殘害物之生，不可違背天道之規律，否則會有災殃，當以天道之生德爲念，以長養天下萬民爲顧，這是從天道論的立場，來賦予人君在政治上的使命。

> 人之與天地也同，萬物之形雖異，其情一體也，故古之治身與天下
> 者，必法天地也。〔註37〕

高注：「體，性也，情皆好生，故曰一體。」〔註38〕人與天地萬物本質上，皆爲陰陽二氣相生所化，故其本於一源，萬物雖眾形皆異，但好生勿死之情性皆同，是在本質與情性上，天地萬物爲一體，彼此休戚相關。《呂氏春秋》十二紀打破天人相隔、物我之別，乃將宇宙論連結人倫社會，強調天道與人道實爲一體，人倫社會應當學習天地之「圓道」，人道應當回應天道之德，建立像天道一般可長可久的價值規範，故治身與治天下皆當「法天地」，此即「法天地」的理論依據。

《易傳》云：「古者包犧氏之王天下也，仰則觀象於天，俯則觀法於地，觀鳥獸之文，與地之宜。近取諸身，遠取諸物。於是始作八卦，以通神明之德，以類萬物之情。」〔註39〕是上古先民早已觀天象鳥獸地文，取以爲人倫社會的應用，進而求「通神明之德，類萬物之情」，可說是「法天地」思想的先驅。老子云：「人法地，地法天，天法道，道法自然。」〔註40〕可說是正式在哲學命題上，將人世的價值主體歸結到天道的自然法則，主張人當回歸道體之質樸自然。《中庸》云：「唯天下至誠，爲能盡其性；能盡其性，則能盡人之性；能盡人之性，則能盡物之性；能盡物之性，則可以贊天地之化育；可以贊天地之化育，則可以與天地參矣」，〔註41〕是秦漢間儒者將「至誠」、「盡性」的德性規範，從個人德性生命的主體，上溯及萬物及天道之德，以人道德性主體參贊天地之化育，因天道及萬物皆以「至誠」爲性。

〔註36〕陳奇猷：《呂氏春秋校釋》（台北：華正書局，1988），頁20。

〔註37〕同註36，頁85。

〔註38〕〔漢〕高誘注，〔清〕畢沅校：《呂氏春秋》（上海：上海古籍出版社，1996年12月），頁34。

〔註39〕〔清〕阮元：《周易正義》（十三經注疏，台北：藝文印書館，1976），頁166。

〔註40〕王卡點校：《老子道德經河上公章句》（北京：中華書局，1960年8月），頁102。

〔註41〕〔清〕阮元：《禮記正義》（十三經注疏，台北：藝文印書館，1976），頁895。

　　因此「法天地」的思想，在秦漢之際可說是一顯學，甚至影響往後漢代學術甚深，如《淮南子》、《春秋繁露》等書，無一不以天道論體系指導人道社會的規範建立。〔註42〕

（二）依五德當令

　　《呂氏春秋》十二紀吸收鄒衍「陰陽」之說，以詮釋天道的運行與四時的流轉，還配合「五行」之說，以呼應地道之方，建立一套嚴密的人道規範。以下便整理《呂氏春秋》十二紀的五行思想部分，〔註43〕呈現其將天道落實於人道的鋪陳，以成其「法天地」思想的具體實踐：

季節	春			夏			中	秋			冬		
月份	孟春	仲春	季春	孟夏	仲夏	季夏		孟秋	仲秋	季秋	孟冬	仲冬	季冬
日的位置	營室	奎	胃	畢	東井	柳		翼	角	房	尾	斗	婺女
昏星的位置	參中	狐中	七星中	翼中	亢中	火中		建星中	牽牛中	虛中	危中	東辟中	婁中
晨星的位置	尾中	建星中	牽牛中	婺女中	危中	奎中		畢中	觜觿中	柳中	七星中	軫中	氐中
天干	甲	乙		丙	丁		戊 己	庚	辛		壬	癸	
帝	大皞			炎帝			黃帝	少皞			顓頊		
神	句芒			祝融			后土	蓐收			玄冥		
蟲	鱗			羽			倮	毛			介		
音	角			徵			宮	商			羽		
律	大蔟	夾鐘	姑洗	中呂	蕤賓	林鍾	黃鐘之宮	夷則	南呂	無射	應鐘	黃鐘	大呂
數	8			7			5	9			6		

〔註42〕參見徐復觀：「漢初的思想家，對《呂氏春秋》有直傳或再傳關係。它對漢代思想的影響，實在是至深且鉅。《淮南子》及《周官》或稱《周禮》的所以成立，都是啟發自《呂氏春秋》。」〈呂氏春秋及其對漢代學術與政治的影響〉，收入《中國哲學思想論集》（台北：水牛出版社，二版1991年6月），頁377～450。

〔註43〕參考鄺芷人：「依《呂氏春秋》十二紀（禮記月令）之五行分類表」加以增補。《陰陽五行及其體系》（台北：文津出版社，1998），頁25。

味	酸	苦	甘	辛	鹹
臭	羶	焦	香	腥	朽
祀	戶	竈	中霤	門	行
祭	先脾	先肺	先心	先肝	先腎
穀	麥	菽	稷	麻	黍
牲	羊	禽（雞）	牛	犬	彘（豬）
節	立春	立夏		立秋	立冬
盛德所在（五行）	木	火	土	金	水
色	青	赤	黃	白	黑
方位	東	南	中	西	北

「五行」之說其來甚古，在《尚書》洪範篇，便有「五行：一曰水，二曰火，三曰木，四曰金，五曰土。水曰潤下，火曰炎上，木曰曲直，金曰從革，木爰稼穡」，〔註44〕此「五行」指五種基本物質，以及它們的屬性。《左傳》昭公二十九年論及：「有五行之官，是謂五官……木正曰句芒、火正曰祝融、金正曰蓐收、水正曰玄冥、土正曰后土。」，〔註45〕此時「五行」成為國家的「五官」，執掌五種職責。至於《管子》一書，更將五行附會上節氣與方位，所謂「東方曰星，其時曰春，其氣曰風。風生木與骨」、「南方曰日，其時曰夏，其氣曰陽，陽生火與氣」、「西方曰辰，其時曰秋，其氣曰陰，陰生金與甲」、「北方曰月，其時曰冬，其氣曰寒，寒生水與血」，〔註46〕故《管子》一書已初步將五行配合陰陽，應用在政治主張上。《呂氏春秋》十二紀將五行進一步擴大搭配五帝、五神、五蟲、五音、五數、五味、五臭、祭祀五位五物、五德等，早已超越了基本的物質性，也不再是工作執掌，而成為一種分類的原則。〔註47〕

故《呂氏春秋》十二紀吸收陰陽五行之說配合節氣方位應用在政治上，建立所謂「天道圓，地道方」的天人相應的政治體系。如春季為木德，正色

〔註44〕 〔清〕阮元：《尚書正義》（十三經注疏，台北：藝文印書館，1976），頁169。
〔註45〕 〔清〕阮元：《春秋左傳正義》（十三經注疏，台北：藝文印書館，1976），頁923。
〔註46〕 《管子》（新編諸子叢書，台北：國立編譯館，2002年2月），頁961。
〔註47〕 鄺芷人：《陰陽五行及其體系》（台北：文津出版社，1998），頁23。

爲青，正位主東，天氣下降，地氣上騰，天地合同，草木萌動。故天子衣青衣，服倉玉，立春時迎春於東郊，祈穀天帝，親載耕耒，布民農事。夏時盛德在火，其神祝融，其色爲赤，其位南方，故天子衣朱衣，服赤玉，立夏時迎夏於南郊，樹木方盛，水潦盛昌，祈祀山川百源。秋季盛德在金，主位西方，正色爲白，天子衣白衣，載白旂，迎秋於西郊，天地始肅，陽氣日衰，促民收斂，多積聚。冬季盛德在水，主位在北，正色爲黑，天子衣黑衣，服玄玉，迎冬於北郊，天氣上騰，地氣下降，天地不通，命百官，謹蓋藏，此其大略。

可見《呂氏春秋》十二紀透過陰陽五行之說，對人君的生活作息與施政都制訂嚴密的規範，包括春夏秋冬五行之盛德、方位、五神、人君之住居、服色、食物、車馬等，其依據正是天道的陰陽消長，以上應天道之圓，下應地道之方，可謂將「法天地」思想具體的落實在生活各方面。

戰國末年鄒衍所謂「五德終始」之說，將陰陽與五行以配合朝代之興替，一時風行，影響及於當時的秦帝國。據司馬遷《史記》云：

> 始皇推終始五德之傳，以爲周得火德，秦代周德，從所不勝。方今水德之始，改年始，朝賀皆自十月朔。衣服旄旌節旗皆上黑。數以六爲紀，符、法冠皆六寸，而輿六尺，六尺爲步，乘六馬。更名河曰德水，以爲水德之始。〔註48〕

鄒衍將五行配合朝代的更替，推衍所謂「周得火德，秦代周德，從所不勝。方今水德之始」，故秦以水爲德，依之制訂朝廷的正朔、服色、車輿、計數等，可謂是將陰陽五行之說，成爲政治制度的初步實踐。《呂氏春秋》十二紀的五行之說，可說是此制度的先驅，不僅是朝廷正朔服色，更擴及人君日常的起居施政方向，範圍更廣泛而細密。傅武光云：

> 呂氏春秋之十二紀紀首，爲人主起居施政之行事曆。……盡依陰陽家陰陽消息、五德終始與機祥度制之理論而建構，務使符合「與元同氣」之最高原則。〔註49〕

先秦諸子中，老子即有「人法地，地法天，天法道，道法自然。」〔註 50〕之

〔註48〕〔漢〕司馬遷：《史記》（台北：藝文印書館，據武英殿影印本），頁 120。
〔註49〕傅武光：《呂氏春秋與諸子的關係》（台北：東吳大學，1993 年 2 月），頁 409。
〔註50〕王卡點校：《老子道德經河上公章句》（北京：中華書局，1960 年 8 月），頁 102。

說，主張人當效法天地之運行，而天地運行背後的主宰是「道」，道非刻意非強求，道本身是自然而然，因此人當以自然爲宗，依循生命自然之規律而行，勿爭名逐利，以害其生，老子強調「道」的超越性與主宰性。

莊子齊物論有「天地與我並生，而萬物與我爲一。」〔註 51〕之說，可以說是將老子的「道」進一步落實在人生修養中，主張人當以天地造化爲依歸，超越形體、時間、空間的侷限，以「天地萬物爲一」的齊物修養，觀照自我與外物，以求得精神境界逍遙自適的大自由。

先秦儒家對天道論著墨較少，孔子云：「天何言哉？四時行焉，百物生焉，天何言哉？」〔註 52〕是一種對天道的道德感受。《易・繫辭上》云：「《易》其至矣乎！夫《易》，聖人所以崇德而廣業也。知崇禮卑，崇效天，卑法地。天地設位而《易》行乎其中矣！成性存存，道義之門。」〔註 53〕可以說儒家也試圖要將道德的根據，提高到天道論的層次。

《呂氏春秋》十二紀「法天地」之說，吸收了老莊的天道觀，建立「圜道」的宇宙論，並配合五行之說，將其落實在實然的生活中，它不似老莊有強烈的形上哲理意味，其吸收五行之說的用意，乃將不可見不可名的「太一」、「陰陽」之說，轉化爲具體可行的五神、五位、五色、五味等，只要順時而行即可，可說它不僅演繹了天道之規律，更企圖要建立一細密的人道規範，將「法天地」的哲學理想，企圖在現實中實踐出來。

（三）施德行義

「法天地」的具體作爲就是「施德行義」，這也是由天道論下貫到人道而來，人君施政要呼應天道而行，一由陰陽之消長，一順五行之輪替，乃有此施政之大綱，以下整理《呂氏春秋》十二紀紀首將陰陽、五行與當令施政的細目統合整理，凸顯陰陽消長、五行更替時，人君施政重點的不同。

四時	節候	陰　陽	五　　行	施　　政
春	孟春	天氣下降，地氣上騰，天地和同，草木繁動。	盛德在木，立春之日，天子迎春於東郊，載青旂，衣青衣，服青玉	命相布德和令，行慶施惠，下及兆民，慶賜遂行，命布農事，命田舍東郊，皆脩封疆。

〔註 51〕〔清〕郭慶藩：《莊子集釋》（台北：貫雅文化，1991），頁 79。
〔註 52〕〔清〕阮元：《論語注疏》（十三經注疏，台北：藝文印書館，1976），頁 157。
〔註 53〕〔清〕阮元：《周易正義》（十三經注疏，台北：藝文印書館，1976），頁 150。

	仲春	始雨水，雷乃發，聲始電		安萌芽，養幼少，存諸孤，省囹圄，去桎梏，無肆掠，止獄訟。
	季春	生氣方盛，陽氣發泄，時雨將降，下水上騰。		布德行惠，發倉庾，賜貧窮，振乏絕，開府庫，出幣帛，周天下，勉諸侯，聘名士，禮賢者，婦使以勸蠶事，令百工，審五庫之量。
夏	孟夏	立夏	盛德在火，立夏之日，天子迎夏於南郊，載赤旂，衣朱衣，服赤玉	贊傑俊，遂賢良，舉長大，行爵出祿，必當其位。
	仲夏	小暑至，日長至，陰陽爭，死生分。		君子齋戒，處必掩，身欲靜無躁，止聲色，薄滋味，退嗜慾，定心氣，百官靜，事無刑，以定晏陰之所成。
	季夏	溫風始至，樹木方盛，水潦盛昌，土潤溽暑，大雨時行		命漁師伐蛟取鼉，令四監大夫合百縣之秩芻，以養犧牲，命婦官染采。
	中央	其日戊己。其帝黃帝。其神后土。其蟲倮。其音宮。律中黃鐘之宮。其數五。其味甘。其臭香。其祀中霤。祭先心。天子居太廟太室，乘大輅，駕黃駵，載黃旂，衣黃衣，服黃玉，食稷與牛。其器圜以揜。		
秋	孟秋	立秋，天地始肅，涼風至，白露降，	盛德在金，立秋之日，天子迎秋於西郊，載白旂，衣白衣，服白玉	命將帥選士厲兵，以征不義，命有司修法制，命理瞻傷察創視折審斷，決獄訟，嚴斷刑。命百官始收斂，完提防，備水潦，修宮室，坏牆垣，補城郭。
	仲秋	日夜分，殺氣浸盛，陽氣日衰，水始涸。		養衰老，命司服具飭衣裳，命有司申嚴百刑，命宰祝巡行犧牲，天子乃儺，以達秋氣，命有司趣民收斂，務蓄菜，多積聚。
	季秋	霜始降，寒氣總至，草木黃落。		申嚴號令，命百官貴賤無不務入，以會天地之藏，無有宣出。百工休，大饗帝，嘗犧牲，合諸侯，制百縣，天子教以田獵，以習五戎獀馬，乃趣獄刑，毋留有罪。
冬	孟冬	立冬 水始冰，地始凍，天氣上騰，地氣下降，天地不通，閉而成冬。	盛德在水，立冬之日，迎冬於北郊，載玄旂，衣黑衣，服玄玉。	賞死事，恤孤寡。命太卜禱祠龜策占兆審卦吉凶。命百官謹蓋藏，命司徒循行積聚，無有不斂。坏城郭，戒門閭，修楗閉，慎關籥，固封璽，備邊境，完要塞，謹關梁，塞蹊徑，飭喪紀，辨衣裳，審棺槨，

			營丘壟。命工師效功,陳祭器,按度程。大飲蒸,祈來年于天宗,大割祠于公社及門閭,饗先祖五祀。命將率講武,命水虞漁師收水泉池澤之賦。
仲冬	冰益壯,地始坼。日短至,陰陽爭,諸生蕩。		命有司土事無作,無發蓋藏,無起大眾,以固而閉。命閹尹申宮令。命大酋秫稻必齊,麴蘗必時。君子齋戒,處必弇,身欲寧,去聲色,禁嗜慾,安形性,事欲靜,以待陰陽之所定。
季冬	日窮於次,月窮於紀,星迴於天,數將幾終,歲將更始。		命有司大儺,旁磔,出土牛,以送寒氣。命漁師始漁,命司農計耦耕事,修耒耜,具田器。命樂師大合吹而罷。天子乃與卿大夫飭國典,論時令,以待來歲之宜。命太史次諸侯之列,賦以犧牲,以供皇天上帝社稷之享。命同姓之國,供寢廟之芻豢。令宰歷卿大夫至於庶民土田之數,而賦之犧牲。

　　這樣的天道架構衍申出人君的施政方向:春夏之時,陽氣爲盛,生氣盎然,乃木德之生,火德之長爲盛,故施政也以「行德施惠、勸學尊師」爲主;秋冬陰氣爲殺,金德水德當令,則以「講武論刑、收斂謹藏」爲宗,因此《呂氏春秋》十二紀的施政方向,確按不同節令而調整,它配合整個天道的規律而行,天道、人道是一貫的體系。比較特別的是「中央土」的設計,因要以四時配合五行,春夏秋冬搭配木火金水,便會遺漏「土」,這是理論本身的缺陷,故不得不在夏秋之間安插一看似突兀的「中央」,以安置五行中的「土」。〔註54〕

　　《呂氏春秋》十二紀「施德」的主張,乃呼應春夏之生氣而行,與儒家「行仁政」的主張不謀而合,所謂「先王先順民心,故功名成。夫以德得民心以立大功名者,上世多有之矣。失民心而立功名者,未之曾有也。」,〔註55〕主張要順民心,要以德待民,在人君的施政中處處可以見到勸民務農、切勿擾民,或爲民祈穀,務民收斂積蓄,以待冬日之藏,諸如此類的主張,可以看到《呂氏春秋》十二紀的政治主張以「養民」爲主。

〔註54〕徐復觀:《兩漢思想史》(台北:學生書局,1974 年 5 月),頁 17。
〔註55〕陳奇猷:《呂氏春秋校釋》(台北:華正書局,1988),頁 478。

「行義」這一部份，乃因秋多肅殺之氣所致，但不強調殺伐，主張要討伐不義，興義兵，反對偃兵之說，這點自然與秦當時正興兵統一中國的時代背景有關。值得注意者，《呂氏春秋》十二紀並不特別強調「嚴刑峻罰」，且言：「彊令之笑不樂，彊令之哭不悲，彊令之為道，可以成小，而不可以成大……罰雖重，刑雖嚴，何益？」〔註56〕、「嚴罰厚賞，此衰世之政也。」，〔註57〕故《呂氏春秋》十二紀重「施德行義」，是和天道論重「生養之德」的主張呼應的，故對秦法嚴苛有批判之意，就不足為奇。

秦自商鞅變法後，在嚴刑峻法下成為一「路不拾遺」的強國，呂不韋身為秦國宰相，正當秦國即將統一六國之際，〔註58〕卻主張要「施德行義」，這對一向只重「刑名法術」的秦國來說，無疑是很有深意的。傅武光論《呂氏春秋》之著書動機，云：「（呂氏春秋）無論就積極方面之自揭政治理想言，或就消極方面之抨擊秦政缺失言，皆顯見有為一代之興王立法之意，再證以十二月紀，而此意更顯。」亦揭此意。〔註59〕

（四）去私反己

《呂氏春秋》十二紀的政治理想在「法天地」，其落實不僅需要一套完善的規劃，還須一位能夠確實執行這套規劃的人君，而人君就像扮演「太一」的角色，所謂「天道圓，地道方，聖人法之，所以立上下……主執圓，臣執方，方圓不易，其國乃昌。」〔註60〕「太一」主宰一切，卻不干預萬物，它的職責是確保所有運作順利，而無一己之私心，故「去私反己」是《呂氏春秋》十二紀對人君的要求。

「去私」即去除一己之私意，而以天下為念，因為「天無私覆也，地無私載也，日月無私燭也，四時無私行也，行其德而萬物得遂長焉。」，〔註61〕天地日月四時都沒有私心，承載光照萬物，無一遺漏，故可以成就天地之長

〔註56〕陳奇猷：《呂氏春秋校釋》（台北：華正書局，1988），頁110。

〔註57〕同註56，頁1247。

〔註58〕《史記・秦始皇本紀》：「（始皇）年十三歲，莊襄王死，政代立為秦王，當是之時，秦地已并巴、蜀、漢中，越宛有郢，置南郡矣，北收上郡以東，有河東、太原、上黨郡，東至滎陽、滅二周，置三川郡。呂不韋為相，封十萬戶，號曰文信侯。招致賓客游士，欲以并天下。」〔漢〕司馬遷：《史記》（台北：藝文印書館，據武英殿影印本），頁115。

〔註59〕傅武光：《呂氏春秋與諸子的關係》（台北：東吳大學，1993年2月），頁74。

〔註60〕陳奇猷：《呂氏春秋校釋》（台北：華正書局，1988），頁172。

〔註61〕同註60，頁55。

久豐足，故人君治國亦當無私而施政，如天地日月之大公，這是「法天地」之德的落實，故人君當「去私」。

　　故其〈去私〉篇云：「堯有子十人，不與其子而授舜，舜有子九人，不與其子而授禹，至公也」；「外舉不避讎，內舉不避子，祁黃羊可謂公矣」；「子，人之所私，忍所私以行大義，鉅子可謂至公矣。」，「王伯之君，誅暴而不私以封天下之賢者，故可以爲王伯。」，〔註62〕這裡提到幾種無私，分別是「傳賢不傳子」、「舉賢才而去私」、「大義滅親」，以及討伐無道之君國，是爲分封天下賢者，而非一己之野心。

　　在此〈去私〉篇所論，涵蓋當時國君傳位的敏感問題，批判當時父子相傳的「家天下」模式，是以天下爲一家之物，並非以天下爲懷，嚮往堯舜「傳賢不傳子」的禪讓，以其無私也。其次，用人方面，人君不當以一己之好惡爲準，而當以人才適任與否爲主要的考慮，因此讚許祁黃羊舉賢，不避私讎、不避愛子的表現。「大義滅親」乃指人君在賞罰方面，面對所私所愛，當以義理爲度，即使愛子犯法，也當與庶民同罪。最後，論及「秦伐六國」的正當性問題，呂氏在此似乎有意爲秦國辯護，強調秦國攻伐六國是爲天下誅除不道之君國，是爲天下興義戰，起義兵，將來要分封天下之賢者，不是爲一己之私心而戰。

　　「去私」如何能做到？於是再提出「反己」的主張。

　　「反己」即反求諸己，具體方式在於「適耳目，節嗜欲，釋智謀，去巧故」，〔註63〕這裡碰觸到人性情欲的問題，《呂氏春秋》十二紀對情欲的看法似乎受到荀子的影響，荀子云：「人生而有欲，欲而不得，則不能無求。求而無度量分界，則不能不爭；爭則亂，亂則窮。先王惡其亂也，故制禮義以分之，以養人之欲，給人之求。」，〔註64〕荀子論人性從實然生命的耳目情欲看，禮義的制訂是使人的情欲有一合理的滿足。《呂氏春秋》十二紀亦有相同看法，「天生人而使有貪有欲，欲有情，情有節，聖人修節以止欲，故不過行其情也。」，〔註65〕情欲乃是人之天生，是無法否定的，甚至可說人的生命實然就是情欲，所謂「耳之欲五聲，目之欲五色，口之欲五味，情也。」〔註66〕

〔註62〕陳奇猷：《呂氏春秋校釋》（台北：華正書局，1988），頁 56。

〔註63〕同註 62，頁 159。

〔註64〕梁啓雄：《荀子簡釋》（台北：木鐸出版社，1988 年 9 月），頁 253。

〔註65〕同註 62，頁 76。

〔註66〕同註 62，頁 76。

情欲無法禁絕，只能去節制它，不使過節，因此「修節以止欲，不過行其情」
〔註67〕修養功夫便在如何適切的滿足基本情欲即可，不使過度。故須節制耳
目感官的過度享樂，當過度就成了貪欲，當沈迷於貪欲時，就會害生，就有
私意私心，因此要「去私」，便要常常反求諸己，淘洗自己的貪欲，時時保持
清明無私的心，此爲「反己」。

> 何謂反諸己也？適耳目，節嗜欲，釋智謀，去巧故，而游意乎無窮
> 之次，事心乎自然之塗，若此則無以害其天矣。無以害其天則知精，
> 知精則知神，知神之謂得一。凡彼萬形，得一後成。故知一，則應
> 物變化，闊大淵深，不可測也。德行昭美，比於日月，不可息也。……
> 昔上世之亡主，以罪爲在人，故日殺僇而不止，以至於亡而不悟。
> 三代之興王，以罪爲在己，故日功而不衰，以至於王。〔註68〕

「反己」即反求諸己的修養功夫，由外而內，節制耳目感官對外物的過度享
樂，克服貪欲，去除僞詐之心，以天道之自然治心。老子云：「絕聖棄智，民
利百倍；絕仁棄義，民復孝慈；絕巧棄利，盜賊無有；此三者，以爲文不足。
故令有所屬，見素抱樸，少私寡欲。」，〔註69〕老子對情欲智識之心較爲否定，
主張「絕聖棄智」、「絕仁絕義」，其對治情欲智識也較爲強烈，主張「見素抱
樸，少私寡欲」。《呂氏春秋》十二紀面對情欲智識較爲實際，認爲情欲爲天
所生，必不可免，只有節欲、去私，不可能完全禁絕，對於智識也較持肯定
態度，也主張「勸學」、「尊師」，要人透過學習尊師瞭解義理，一面自覺內在
的淘洗、節欲，一面透過外在的學習，義理的習染，來導正一己情欲之私。

　　「去私反己」的修養，其意義在除破一己的成見，而法天地之公，若自
陷情欲智識之心，自溺一己之貪欲，則將只見一己之利，不見天下之大義。
因此經過一番自我「適耳目，節嗜欲，釋智謀，去巧故」過程後，我們的心
志將會日益清明，最後達到所謂「知精則知神，知神之謂得一」的境界。高
注：「一者，道也」，〔註70〕「精」則專一，「神」則不可測，「一」者契於「太
一」之道，隨事成就德業。若人君之心志誠能如此，謂之「得一」，此「一」

〔註67〕陳奇猷：《呂氏春秋校釋》（台北：華正書局，1988），頁76。

〔註68〕同註67，頁159。

〔註69〕王卡點校：《老子道德經河上公章句》（北京：中華書局，1960年8月），頁
　　　　75。

〔註70〕〔漢〕高誘注，〔清〕畢沅校：《呂氏春秋》（上海：上海古籍出版社，1996
　　　　年12月），頁52。

即太一之道，人不可能成為太一，因其有限，但可掌握「太一」之條理，以變化無窮。

（五）無為而治

> 反其道而身善矣；行義則人善矣；樂備君道，而百官已治矣，萬民已利矣。三者之成也，在於無為。無為之道曰勝天，義曰利身，君曰勿身。〔註71〕

人君「去私反己」目的在去除自我形拘之私，讓一己之心得上契「太一」之理，即「反其道而身善」。高注：「體道無欲，故身善。」〔註72〕即「反求諸己」是將自己回歸天道之德，身乃得以善，故對《呂氏春秋》十二紀而言，什麼是「善」？就是體會「太一」之德，就是天道之德的實踐，其所據在天道，合於天道為善，反之為惡。合於天道之身心乃得為善，是為「身善」。這樣的身心需要經過修養功夫的淘洗才能表現，去除一己私心以成公心狀態，以此公心乃能行義施德，以及於人，是為「人善」。具此公心者為人君，以此心禮天下之賢才為官，必戮力從公，以此百官治民，天下萬民蒙其利矣，故必身善而後人善，人善而後萬民善矣。高注：「樂服行君人無為之道，則百官承使化職事也」，〔註73〕「天無為而化，君能無為而治民，以為勝於天。」，〔註74〕因此《呂氏春秋》十二紀的政治理想乃主張「無為而治」。

> 一也齊至貴，莫知其原，莫知其端，莫知其始，莫知其終，而萬物以為宗，聖人法之以令其性，以定其正，以出號令，令出於主口，官職受而行之，日夜不休，宣通下究，瀸於民心，遂於四方，還周復歸至於主所，圓道也。〔註75〕

天地至尊至貴的價值主體在「太一」之道，「萬物以為宗，聖人法之以令其性」，高注：「道無形，其原始終極，莫能知之，道生萬物，以為宗本。」，〔註76〕故當以道為宗本，聖人法道之德以「令其性，以定其正，以出號令」，即人君修身法「太一」之度，以節其情性，以「太一」之公理為價值標準，以定其是非，

〔註71〕陳奇猷：《呂氏春秋校釋》（台北：華正書局，1988），頁144。
〔註72〕〔漢〕高誘注，〔清〕畢沅校：《呂氏春秋》（上海：上海古籍出版社，1996年12月），頁49。
〔註73〕同註72，頁49。
〔註74〕同註72，頁49。
〔註75〕同註71，頁172。
〔註76〕同註72，頁55。

以行其德義號令。官職受命而行，如日月四時各司其職，如此當能順於民心，達於四方，此爲法天道之德，而爲人道之善。故人君雖日應萬事，而實無所勞心，以其一切依「圜道」之理而應，無私情私意之擾，是曰「無爲」。

故人君修身，在順天行義，自然「無爲」而天下治矣，說是「無爲」實乃順天之條理而爲，是無一己之私爲，並非眞一事不作，無所作爲。故言「五帝先道而後德」，「先道」是先對天道之理的掌握，修身以道而後有德，有德而後發政行義，天下自治矣，故言「昔者先聖王，成其身而天下成，治其身而天下治」，〔註77〕故必治身方以治天下。

「無爲而治」是《呂氏春秋》十二紀的政治理想，這點也是先秦儒道兩家的共同理想。孔子云：「無爲而治者，其舜也與！夫何爲哉？恭己正南面而已矣。」〔註78〕老子云：「道常無爲而無不爲，侯王若能守之，萬物將自化。」〔註79〕孔子推崇舜德性純正，足爲民表率，故人民爲其感化而爲善，所謂「君子之德風」，強調無形的道德教化。老子的「無爲而治」與《呂氏春秋》十二紀較接近，都自天道之無私大公處著眼，天道無所不行、無所不養，而無一私虧漏。故人君當知天道之自然，致虛守柔，使民無知無欲，循天道之造化自然而治，故老子提倡「小國寡民」之說，其云：

> 小國寡民，使有什伯，人之器而不用；使民重死而不遠徙。雖有舟輿，無所乘之，雖有甲兵，無所陳之。使民復結繩而用之，甘其食，美其服，安其居，樂其俗。鄰國相望，雞狗之聲相聞，民至老死不相往來。〔註80〕

老子「無爲」之說，強調道之自然，不需人刻意的強加作爲，人的作爲往往只有害物殘生，因此要盡量降低人爲的干擾，故老子「無爲」之說，可說是盡量減少政治力的干涉，回歸自然樸實的生活狀態。《呂氏春秋》十二紀的「無爲而治」，雖與老子較接近，但沒有老子強烈的反權術、反人爲的傾向，它也主張人君當效法天道之無私無我，但人君是要有所作爲的，所謂「能養天之所生而勿攖之，謂之天子」，〔註81〕「太一」對《呂氏春秋》十二紀來說，它

〔註77〕陳奇猷：《呂氏春秋校釋》（台北：華正書局，1988），頁 144。

〔註78〕〔清〕阮元：《論語注疏》（十三經注疏，台北：藝文印書館，1976），頁 137。

〔註79〕王卡點校：《老子道德經河上公章句》（北京：中華書局，1960 年 8 月），頁 144。

〔註80〕同註 79，頁 302。

〔註81〕同註 77，頁 20。

是無形的、若只是自然而然順隨「太一」而行，就能無爲而治，恐有些虛無飄渺，尤其對秦國這樣一個組織嚴密的大帝國來說，「小國寡民」的理想恐不切實際。

《呂氏春秋》十二紀的「無爲而治」，絕非眞無作爲，而是順天道而爲，所謂「凡君也者，處平靜、任德化以聽其要，若此則形性彌嬴，而耳目愈精；百官愼職，而莫敢愉綖、人事其事，以充其名。名實相保，之謂知道。」〔註82〕故人君的角色是「處平靜、任德化」，不爲情欲所蔽，不爲私利所陷，能大公無私，順天道之公義以行，發號施令，無所不當，能如此自能耳目清明，明辨奸邪，百官愼守職分，以生養萬民，所謂「主執圜，臣執方，方圜不易，其國乃昌」，〔註83〕人君職責在清楚的掌握天道，清明無私的依循天理而施政刑罰，而無一己之私，這就是人君之大公。臣屬則在人君的授命下，克盡其職，爲民謀利，亦無一己之私，此乃人臣之職分。故君臣各司其職，而一無所私，循大道公理而行，天道之公下貫至人道之公，是無爲而治矣。故《呂氏春秋》十二紀之「無爲」的政治理想，乃主張君臣各盡其職，君臣合作以應天之德，以造福萬民，可說十分積極應世的。

四、《呂氏春秋》十二紀的「公」義內涵

從「公」義探討《呂氏春秋》十二紀可顯其多層次的內涵：一、其詳實記錄日月星辰、蟲魚鳥獸的變化作息，表現其具客觀理性的自然義內涵，二、自然規律的背後，有一套客觀的規律「圜道」在運行，此爲天道論的內涵，三、天道論下貫人倫社會，人當法天地建構人道規範，而有一「施德行義」的施政方向，此爲人道論內涵，四、人君爲具一公心，當「去私反己」以成聖君，是爲修養論的內涵，五、君臣各司其職，「主執圜，臣執方」，天下治矣，是爲政治理想義的「公」義內涵。

（一）自然義之公

「昏參中」、「東風解凍」、「獺祭魚」等，其紀錄天地四時、日月星辰、蟲魚鳥獸的活動，將自然界一年四季的變化呈現出來，這是第一層次的「公」義。此乃對自然觀察的客觀理性義，詳實的紀錄自然界的種種現象，也可說

〔註82〕陳奇猷：《呂氏春秋校釋》（台北：華正書局，1988），頁 1079。
〔註83〕同註82，頁 172。

是一種素樸的科學精神，而「二十八宿星」、「二十四節氣」的制訂，發現日星四時鳥獸皆有一週而復始的規律，此處自是繼承傳統曆書「夏小正」、「周書」的進一步發展，表現對先秦天文曆法成就的進展，它所呈現的是實然世界的經驗知識。

（二）天道義之公

累積長時間的自然紀錄，《呂氏春秋》十二紀試圖建構其背後的天道體系，提出「太一」之道為主宰，吸收陰陽之說，透過「陰陽消長」的變化，解釋自然界日、星、節氣之規律變化的依據，建立起「圓道」的宇宙論，主張天地萬物皆有一生長衰滅的動態規律，衰滅又復生生，是為一生生不息的「圓道」，天地生養滅息萬物，無所偏私，皆有其時，是「太一」圓道之大公。

（三）人道義之公

天道運行的「圓道」觀，落實在人世上，則吸收「五行」之說，配合四時、方位、祭祀、服色、規劃人君之施政次序，落實其天道之「公」義，提出「施德行義」的政治綱領，這一套由「圓道」之公，透過陰陽五行思想連結，最後建構而成的政治理論，是《呂氏春秋》十二紀人道論的「公」義成就，是為呼應天道之公而設計，一套嚴密博大的理論體系，從本質言，天道與人道在陰陽五行處，具天人一體義；從義理上言，則天道與人道在「公」義之德上相互呼應。

（四）修養義之公

為貫徹由天道以至人道的理想社會的建立，須有一位公正無私的聖君，故須去除一己之私，須節制一己貪欲，超越一己之偏，而具備以天下為懷之公心，因此人君要去私，要反求諸己，另一方面又要勸學尊師，以上契「太一」之理，使身心全然無私，乃得依「公」義而施政。這是《呂氏春秋》十二紀在修養論層次的「公」義，主張人君對內要節制一己私欲，對外要透過學習經典、師友習染之功，使具契合「太一」之理的公心。

（五）實踐義之公

人君具備此公心，以此心配合五行盛德所在，按照時序之不同，發政施惠，百姓乃得安養，以此心行義斷刑，奸邪必有所懲治，以此心舉賢任職，百官自然適才適任，故雖日應萬事，使萬事各得其理，君臣各司其職，而無一私心勞形，故天下大治，是無為而治。此天下乃非人君之私，是為天下人

之天下也，此爲呂氏十二紀在人君施政上的「公」義，呈現出其政治作爲的實踐義。

（六）「公天下」的理想義

> 天下非一人之天下也，天下之天下也。陰陽之和，不長一類；甘露
> 時雨，不私一物；萬民之主，不阿一人。〔註84〕

古聖王治天下必以公，得天下必以公，其失天下必以偏，即「天下非一人之天下也，天下之天下也」，天下爲天下人所有，並非屬於一人一家一姓所有，此語今日讀之，仍擲地有聲。此「公天下」政治理想的背後，是有一套配合天道、地道、人道的理論體系支持，「陰陽之和，不長一類；甘露時雨，不私一物」，即「太一」之道，陰陽相生和合，創造天地四時，化育萬物萬形，依五行盛衰相生循環，週而復始，生養萬物，故天下實爲「太一」之大公所有，非私一人，非私一物，天下爲天下之天下也。故「萬民之主，不阿一人」，人君之主應當像天道般不私愛一物，而當普愛天下萬民。

故《呂氏春秋》十二紀可說是以「公天下」來貫通整個理論架構，其義有三：1、天下從來便非是一人之天下，從天道論而言，天下爲「太一」所創造，而「太一」創造天地萬物乃「爲而不有」，是以生養萬物爲德的，便無一己之私。2、就天下的內容而言，天下爲陰陽二氣所化，爲萬物所有，天下的內容包括日月星辰、蟲魚鳥獸及人物，萬物皆爲陰陽二氣所化育，是萬物本出一氣、質本一體，不當有尊卑貴賤之私心，而當以萬物一體爲懷。3、就人道而言，人當體會天道之公，將人倫社會的運作也以公心爲主，建立一套公心的制度，培養將一己一身，化私爲公的聖君，以公心施政，以公心舉賢，以公心任職，而後人倫社會之運作，也會與天地之圓道相呼應，而可長可久。

《呂氏春秋》十二紀的「公天下」思想，對當時窮兵黷武的秦國而言，不能不說是一個「異數」，它推崇傳賢不傳子的禪讓，主張討伐天下是爲分封天下之賢者，更強調要施德、要得民心，不要一味嚴刑厚賞，要勸學、尊師，以學習義理，這樣的主張對即將統一六國的秦帝國而言，或可說是呂氏和他的賓客深謀遠慮下，爲長治久安的秦帝國所規劃的治國藍圖。遺憾的是，統一後的秦帝國除了接受鄒衍「五德終始」之說，改變王朝的服色、車輿等之外，其他方面依然重法好殺，觀《史記‧始皇本紀》侯生與盧生論始皇一段可知：

〔註84〕陳奇猷：《呂氏春秋校釋》（台北：華正書局，1988），頁44。

　　侯生盧生相與謀曰：「始皇爲人，天性剛戾自用，起諸侯，并天下，
　意得欲從，以爲自古莫及己。專任獄吏，獄吏得親幸。博士雖七十
　人，特備員弗用。丞相諸大臣皆受成事，倚辨於上。上樂以刑殺爲
　威，天下畏罪持祿，莫敢盡忠。上不聞過而日驕，下懾伏謾欺以取
　容。秦法，不得兼方，不驗輒死。然候星氣者至三百人，皆良士，
　畏忌諱諛，不敢端言其過。天下之事無小大皆決於上，上至以衡石
　量書，日夜有呈，不中呈，不得休息。貪於權勢至如此，未可爲求
　仙藥。」於是乃亡去。〔註85〕

始皇併天下，卻依然「專任獄吏」、「樂以刑殺爲威」，以威攝天下之民，而非
以德惠養民，事無小大皆決於己，專權行私，視天下人爲禁臠，這裡敘述的
和《呂氏十二紀》「公天下」的政治理想實在差太遠，一以生養爲惠，一以刑
殺爲樂；一以天下繫於一人之好惡，一以天下爲公，施德行義，秦王朝如此
暴虐專制，如何長治久安而得民心？因此秦王朝的快速滅亡，確有其故。雖
然《呂氏春秋》十二紀沒有機會眞正在秦朝實踐，但它影響後來漢帝國的政
治與思想深遠，淮南王劉安編《淮南子》與董仲舒著《春秋繁露》，都受其啓
發。〔註86〕

五、結　論

　　先秦老莊的天道思想，本爲一種個人的修養境界，以淘洗自我的情執，
隨順自然的造化，以達逍遙無爲之境，這可以說是一種形上的對宇宙萬物的
觀照哲理。《呂氏春秋》十二紀則將此形上的哲理觀照，落實到形下的實然世
界中，試圖建立一依循天道規範的人倫社會，而將老莊的修養功夫，吸收轉
移到人君的修身上，要人君去私反己，以達於公心，成爲聖君，乃得處處依
天道之理施德行義，以治天下，這是《呂氏春秋》十二紀對道家思想的吸收
與轉化。

　　戰國時法家將一國政治權力的最高主體繫於人君一人，以嚴刑峻法爲手
段，達到短時間凝聚國力的效果，秦帝國亦以此法得天下。《呂氏春秋》十二

〔註85〕〔漢〕司馬遷：《史記》（台北：藝文印書館，據武英殿影印本），頁126。
〔註86〕參見徐復觀：「漢初的思想家，對《呂氏春秋》有直傳或再傳關係。它對漢代
　　　　思想的影響，實在是至深且鉅。《淮南子》及《周官》或稱《周禮》的所以成
　　　　立，都是啓發自《呂氏春秋》。」〈呂氏春秋及其對漢代學術與政治的影響〉，
　　　　收入《中國哲學思想論集》（台北：水牛出版社，二版1991年6月），頁425。

紀的「公」義思想，則依據天道觀的生生之德，珍視萬物之生養，重視對人民之德惠，是以天道的規範作爲最高的價值主體，不再將權力繫於國君一人的好惡，且君、臣、士、民各階級，皆須遵循此規律而盡不同之職分，此天道規範貫徹到整個人倫社會，指導國家的運作，而揭櫫一「大公」的政治理想，故此可謂《呂氏春秋》十二紀對先秦法家重刑殺寡恩主張的修正，亦有呂氏對秦帝國治理天下的期許。

關於《呂氏春秋》一書的評價，司馬遷《史記》云：「當是時，魏有信陵君，楚有春申君，趙有平原君，齊有孟嘗君，皆下士喜賓客以相傾，呂不韋以秦之彊，羞不如，亦招致士，厚遇之，至食客三千人。是時諸侯多辯士，如荀卿之徒著書布天下，呂不韋乃使其客，人人著所聞，集論以爲八覽、六論、十二紀，二十餘萬言。以爲備天地萬物古今之事，號曰呂氏春秋。」〔註87〕司馬遷將呂不韋編集《呂氏春秋》的動機，著重在呂不韋想與四大公子爭勝，而書的內容是「人人著所聞」，似乎只是雜湊成篇。至於班固《漢書藝文志》乃將其列入雜家，而云：「雜家者流，蓋出於議官，兼儒、墨，合名、法，知國體之有此，見王治之無不貫，此其所長也，即蕩者爲之，則漫羨而無所歸心。」〔註88〕是以後世之學者，乃有因呂不韋之人品不端，而廢其書者。〔註89〕

觀《呂氏春秋》十二紀之「序意」篇云：「良人請問〈十二紀〉。文信侯（呂不韋）曰：「嘗得學黃帝之所以誨顓頊矣，爰有大圜在上，大矩在下，汝能法之，爲民父母。蓋聞古之清世，是法天地。凡〈十二紀〉者，所以紀治亂存亡也，所以知壽夭吉凶也。上揆之天，下驗之地，中審之人，若此則是非可不可無所遁矣。天曰順，順維生；地曰固，固維寧；人曰信，信維聽。三者咸當，無爲而行。」〔註90〕從這段話可知，呂不韋非常清楚《呂氏十二紀》的編集用意所在，圜者天道之行，矩者地道之方，其書之命意乃在「法天地」之道，師法天地之運行，以爲人之所用。故此書涵蓋「紀治亂存亡，知壽夭吉凶。上揆之天，下驗之地，中審之人」，因此這是一部有宏大企圖心的著作，絕不只是賓客隨記所聞，就照單全收的。

從上述的歸納整理，可知此書吸收儒、道、名、法、陰陽等諸家學說，

〔註87〕〔漢〕司馬遷：《史記》（台北：藝文印書館，據武英殿影印本），頁 1014。
〔註88〕〔漢〕班固：《漢書》（台北：世界書局，1973 年 3 月），頁 1742。
〔註89〕參看洪家義：《呂不韋評傳》，（江蘇：南京大學出版社，1995 年 9 月），頁 443。
〔註90〕陳奇猷：《呂氏春秋校釋》（台北：華正書局，1988），頁 648。

其內容頗爲龐雜，其承繼〈夏小正〉、〈周書〉的天文曆法與自然知識，以呈現天道與鳥獸草木之自然規律，作爲天道論的依據；吸收鄒衍陰陽五行之說，以建構天人相應的圓道觀；吸收儒家「德治」、「勸學」之說，以呼應春夏重生機之施政；吸收法家「因時變法」、「重視耕戰」之說，以順應秋冬重殺氣之刑威。最後標舉一「公天下」之理想，以生養天下爲德。

　　故《呂氏春秋》十二紀，確實內容博雜，但它絕不是拼湊而成，它對諸子之學有吸收、有選擇，它有自己的一套體系，足稱一家之言。吳光云：「呂氏春秋對先秦主要學派陰陽、儒、墨、名、法各家的「雜採」，是有選擇而並非無原則的兼容並包。」亦有此意。〔註91〕

〔註91〕吳光：〈論呂氏春秋爲道家黃老學之著作──兼駁雜家說〉，收入《儒道論述》（台北：東大圖書公司，1994），頁 63。